后浪出版公司

零秒工作

速度解决一切的麦肯锡工作术

[日] 赤羽雄二 —— 著　许天小 —— 译

江西人民出版社
Jiangxi People's Publishing House
全国百佳出版社

前　言

● **本书将公开"做笔记"以外的所有提升工作效率的秘诀**

在2015年出版的《零秒思考》一书中，我向读者们说明了如何将脑中浮现的想法全部写入一张A4纸的方法。通过该方法，不仅可以清除脑中的各种疑虑，大脑也会越来越活跃，最终达到能够立刻思考并瞬间得出结论的水平。幸运的是，出版此书后有不少读者实际体验了A4纸"做笔记"的方法。

按照我推荐的方法每天坚持写10页以上的笔记，持之以恒，思路就能变得异常清晰。除此之外，有些读者对工作优先顺序的把握也变得更加准确，工作的效率也得到了提升。

从我自身来说，在进入麦肯锡公司工作的14年间，我接受了以"做笔记"为主的各种各样的训练，与此前就职于小松制作所时相比，现在的工作效率完全不可同日而语。从麦肯锡辞职，联合创立Breakthrough Partners公司后，我持续改进工作方法，实现了工作效率的进一步提升。

该做哪些工作，不该做哪些工作？如果该做，应该以怎样的顺序去完成？对于每一个需要完成的工作，又该如何提升其效率？我不断思考这些问题，即使有忙不完的工作，最终都能没有负担地去完成。

在麦肯锡工作的时候，我有几十名员工，有时候还会和客户团队的数百位成员一同工作，但在Breakthrough Partners公司，几乎所有的工作我都必须自己独立完成。所以对任何事情来说，"需求都是发明的源泉"。

从结果上看，我正在推进多家大型企业的经营改革，对10多家风投企业的经营提供帮助，同时每周更新2次博客，每年开展50次以上的演讲和研讨会活动。尽管如此，除了会议时间以外，我几乎都能在5分钟之内回复所有收到的邮件，常常让发送邮件的人惊讶不已。

本书的目的就是要最大限度地公布如何完成如此庞大的工作量和高效率工作的秘诀。本书从提高工作效率的基本思维方式到具体的方法论都有详细说明，任何人都能尝试。这些秘诀，有的或许是你已经知道的，有的或许是你未曾实践的。但是，将这些秘诀有效结合起来就会产生巨大的能量，哪怕只是实践其中的某一项秘诀，工作效率也应该会得到明显提升。

此外，当你使用书中的秘诀却无法解决问题的时候，请给我发一封电子邮件（akaba@b-t-partners.com），我会尽快回复。我希望尽可能多地为读者解答疑问。

如果你还没有读过《零秒思考》，也请务必阅读一次。就如同本书第3章所写的，让大脑保持在一定程度的良好状态下运转是进一步提升工作效率的一大前提。

在每天写10页笔记的同时，积极实践本书中展示的所有提高工作效率的方法，那可就真是如虎添翼了。

● 关于"快"与"早"

虽然有些老生常谈，但在一开始思考工作效率时，不可或缺的两个关键词是"快"与"早"，以下将详细说明这点。

"快"是指推进工作的速度，相当于英语中的"fast"这个单词。以怎样的速度准确地把握问题、解决问题并得出成果，"快"就是指在单位时间内的工作效率。速度越快，制作资料的时间、举行会议的时间、完成某项工作的时间都会相应缩短，继而取得成果。

这样一来，就有充分的时间去完成你想要完成的其他工作，或者更应该完成的工作，进一步推动良性循环。因此，我一直都非常重视"快"。

为了进一步提升工作效率，对电子邮件的书写方式、通过电子邮件沟通的方式、资料的制作方式、资料循环利用的方式以及举行会议的方式等，我通过反复积累，找到了许多秘诀。如果把我在小松制作所时的工作速度比作1，那么在麦肯锡时的工作速度则提升了3~5倍，在熟练运用本书介绍的各种方法后，我进一步感受到了工作效率的提升。我现在的工作时长和在小松制作所时的工作时长相差无几，但是工作的质量和成果却在不断提高。

"早"是指清早、早起等时序在先的单词，相当于英语中的"early"这个单词。即使速度相同，如果尽早开始，就能提前规划好工作，避免浪费时间。

因此，与提高工作效率同等重要的就是"早"，我也极其重视"早"。赶早就能先发制人，做好准备工作，减少时间的浪费，容易形成良性循环。

第2章中有一个重要的关键词，那就是"良性循环"。不论是工作时间还是私人时间，对于"怎样做才能形成良性循环""怎样做才能进一步推动良性循环"这样的问题，我总是抱有极大的兴趣，并不断思考其答案。"良性循环"并不是偶然发生的结果，而是有意为之的产物。永远不要有"不经意间就进入了某种良性循环，真幸运！"这样的想法。只要经过努力，有意识地做好规划，那么进入良性循环的概率就能大幅提高。

综上所述，虽然我常常思考"如何快速地推进工作"以及"如何尽早开始工作并结束工作"，但在书中则统一以"快"字来代表两者，所以本书的核心就是"速度能够解决一切问题"。另外，本书多次使用的"快"和"速度"等词语中实际上也还包含了"早"的含义，敬请理解。

目 录

前言　1

第1章　速度能够解决一切问题　1

1.1　为什么工作效率如此低下？　2

白领的工作效率真的这样低下吗？　2

工作效率低下的三大原因　4

提高工作效率的关键在于"速度"　7

1.2　工作进展缓慢的原因　9

无法迅速开始工作　9

无法专注于应该完成的工作　10

工作缺乏计划、不断滞后　11

优柔寡断、犹豫不决　11

制作文件和资料的速度慢　13

在电子邮件上花费大量的时间　15

会议又多又长　17

大量的退回与重做　19

1.3　速度能够解决5个问题　22

一旦速度提升，就能迅速着手该做的工作　22

　　　　一旦速度提升，头脑就会越来越灵活　23

　　　　一旦速度提升，便能多次运用PDCA管理循环　24

　　　　一旦速度提升，便会充满干劲　27

　　　　速度提升之后，才能发挥出实力　28

　1.4　工作速度能够持续提升　31

　　　　工作中可改进的点是无限的　31

　　　　提升工作速度是一件愉快的事　32

第2章　提升工作速度的8个原则　35

2.1　原则1　首先形成整体印象　36

2.2　原则2　工作不要过于细致　39

2.3　原则3　掌握工作的要领　42

2.4　原则4　形成良性循环　44

2.5　原则5　对改善方法本身做改善　47

2.6　原则6　凡事提前　50

2.7　原则7　凡事先行一步　54

2.8　原则8　尽量避免返工　56

第3章　提升思考速度的方法　59

3.1　通过"A4纸做笔记"来实现零秒思考　60

全世界最简单的头脑灵活度训练　60
"A4纸做笔记"提升沟通能力　62
通过"A4纸做笔记"消除不安和混乱　65
"A4纸做笔记"会让头脑更加明晰　67

3.2　用于工作中的把握问题和解决问题的能力　70

3.3　带来超常工作速度的假设性思考　73

假设性思考　73
假设需要经过验证才能接近正确答案　75
任何人都在做假设性思考　77
熟悉假设性思考的方法　79

3.4　零基础思考　81

3.5　通过"深入挖掘"探求真相　85

对什么事都要抱有怀疑的态度　85
不经过自己的思考便得出结论是非常危险的　86
"深入挖掘"的要点　87
提问时，始终保持感谢和敬意　89
深入挖掘的流程　90

3.6　制作工作框架的训练　92

工作框架要通过会议和讨论才能发挥威力　92
工作框架的制作需要多加练习　94

第4章　最大限度提升工作速度和效率的技巧　99

4.1　最有效率的收集信息的方法　100

7

①每天早晚，各花30分钟收集信息　100

②利用通勤时间学习英语或读书　105

③笔记本电脑和大屏幕电脑的使用方法　107

④数字信息管理工具、谷歌快讯、邮件杂志　111

⑤灵活运用Facebook和推特的时间线　115

⑥阅读新闻的时候应当半信半疑，有必要时应当查证　119

⑦设置搜索结果的显示数量，灵活运用新标签页功能　120

⑧观看国外的会议视频　122

⑨参加学习会、研讨会和随后的交流会　124

⑩经常参加各类展会　126

⑪如何选择对自己最有益的咨询对象　127

⑫通过主动演讲收集信息　130

⑬半年就能见效的超高效英语学习法　132

4.2　短时间内完成制作文件和资料　139

①灵活使用"A4纸做笔记"法，高质量、快速地完成工作　139

②跟上司确认整体印象，推进工作　145

③制作工作完成概要的方法　148

④盲打和快捷键　153

⑤将能够反复使用的文件保存在专用文件夹里　156

⑥频繁地保存文件，避免死机后文件丢失　158

⑦关掉网络，集中于编写工作　159

4.3　如何高效举行会议　163

①将所有的会议时间减少一半　163

②将会议的次数和出席人数减少到一半　165

③迅速高效地推进会议中的讨论　167

④白板可以让会议的效率提高数倍　169

4.4 掌握了写邮件的技巧,就掌握了时间　178

①收到邮件后必须立刻回信　178

②对于难以开口的邮件内容,也要迅速回复　180

③对于复杂的内容,应当直接沟通　182

④登记200～300个用户词汇　184

⑤将邮件按照类型和日期先后顺序统一保存　187

⑥邮件也应当保存在范文文件夹里　190

⑦区别使用邮件发送清单和社交软件　191

4.5 清除沟通上的障碍　195

①认真倾听他人的发言能够更快速地推进工作　195

②将想要传达的信息归纳成3～4个重点　197

③应该传达的信息,要直接传达　199

④通过书面形式共享意见一致的内容　201

⑤"居高临下"的态度是万恶的根源　203

⑥积极地反馈　206

⑦避免和某类人打交道　209

后　记　212

出版后记　214

9

第1章

速度能够解决一切问题

- 为什么工作效率如此低下?
- 工作进展缓慢的原因
- 速度能够解决5个问题
- 工作速度能够持续提升

1.1　为什么工作效率如此低下？

白领的工作效率真的这样低下吗？

和其他国家相比，日本白领的工作效率（劳动力等投入成本与其产生的价值和产出之间的比例）特别低。从我自身的经验来看，也不得不承认这一点。只要探讨一下这个话题，就能接二连三地发现白领的工作效率确实存在很大的提升空间。

与其他国家工作效率的量化比较可交给管理学的专家们去解决，我们在这里了解一下在日本企业的实际工作现状：

◎ 会议又多又冗长
◎ 会议的参会人很多，但是参加会议却一言不发的人也有很多
◎ 会议中退回提案或者被要求重新讨论的情况很多
◎ 除了会议以外，在职场中很多时候上司会发表长篇大论，或进行比较随意地讨论

◎ 每个工作项目都要求员工制作大量的文件。很多时候还要求重新制作

◎ 上司下达的指示相当不明确，却又对员工的工作给予很高的要求。员工有时不得不重复工作

◎ 上司希望通过某项工作达成某种目标，但这样的目标往往不明确，还希望员工花大量时间去解决问题

◎ 上司没有下班之前员工不好意思离开办公室。员工不会在短时间内完成工作，实际上也无法在短时间内完成工作

◎ 缺乏守时的观念。缺乏在某个时间点前完成规定工作的意识

◎ 很多时候员工都不得不免费加班。因此，加班时候的状态也比较消极

上述情况真是随处可见。

大型企业也好，小型企业也罢，甚至连视效率如生命的创业公司，召开的会议也是又多又冗长。并且开会的时候总有人长篇大论、喋喋不休。比起提出明确的论点、干脆简洁地得出一个结论，人们总是希望花大量的时间来仔细讨论某个问题。如果真的有必要仔细讨论某个问题，或者不断深入探讨并得出的结论，那么多花费一些时间也是值得的，但有时候人们只是为了推卸责任而消磨时间，或者由于无法作决断而召开冗长的

会议。

　　除了会议时间以外，员工还常常在工作中被上司叫去。如果是关于工作的具体指示，那暂且不谈，但更多的时候却是上司一个劲儿地讲述自己的工作经验、当年之勇或者是一些琐碎又冗长的杂谈。并且除了上司以外，员工还时不时与前辈、同事进行毫无时间成本概念的讨论。并且如果不主动参与讨论，就会被人认为是"难打交道的人"。

　　谈到免费加班这件事，对于契约观念根深蒂固的欧美社会来说是难以想象的，但是在日本的许多公司里免费加班却是司空见惯，人们甚至认为在上司离开办公室后才下班是种美德。如果无视上司而按时下班的话，就会被视作"现在的年轻人真是不懂事"。在上司下班后，所有团队成员才开始准备下班，这样的情景到底意味着什么？当然如果某项工作必须在当天完成的话，那么不论上司几点下班，都必须今日事今日毕。但归根结底，上述情景都与想要全速推进工作、完成工作的意识背道而驰。

工作效率低下的三大原因

　　如果说日本白领的工作效率低下，那么其原因何在呢？我个人的假说如下所示：

　　随着企业规模的扩大，企划、人事、经营管理、财务、采购、质量管理、售后服务、公关等工作量不断增加。为了完成增加的工作量而增加人手，进一步提高竞争力，企业得以成长，收益一路上涨。这真是非常理想的状态。

但是同时，为了协调各方而召开的会议、为了分享信息而召开的会议、随之而来的资料制作、为了发送制作好的资料而召开的会议、召开会议前的沟通以及沟通之前的准备会议等活动所产生的"不产出任何利益的时间"也同样在加速增长。

这样的情景在任何一个国家或多或少都能见到，但是在日本企业中，那真是特别常见。

在工作中，由于各部门的领导人对于某些问题无法独自作出决定，所以他们会与员工讨论，在考虑员工想法的同时，又要在工作岗位和部门领导之间协调。然后再次与员工讨论，取得一致意见后，又要开始准备在社长面前作正式报告，这样烦冗的流程将一直持续。一旦报告被驳回的话，那么所有的流程又要从头再来一次。

我认为日本白领的工作效率低下的三大主要原因是"众多管理层和部门领导人无法自己作决定和推进工作""部门内外协调后的再次协调"以及"随之而来的庞杂冗繁的资料制作"。

其中最为严重并且是问题根源所在的一点是"众多管理层和部门领导人无法自己作决定和推进工作"。在经济高速成长时期，任何商品都能轻易畅销，这样的弱点并不明显，但是到了今天，却给企业造成了严重的拖累。如果能够自己作决定、迅速推进工作的话，"部门内外协调后的再次协调"以及"随之而来的庞杂冗繁的资料制作"也就没有必要了。

能够自己作决定并推进工作,简而言之,就是一种"工作能力的体现"。也就是说,这样的人往往都是很自信的管理者,或者其上司非常少。这一问题并不仅限于部门领导,过去的数十年里,在社长和管理层中也很常见。如果不是因为这个原因,在经济高速成长期之后,日本的大型制造企业大部分经营也不会恶化到如今的地步,其总市值和美国企业之间差距也不会如此之大。

20世纪80年代以后,企业取得成功的主要因素发生了变化。仅仅依靠硬件就能维持巨大利润的时代已经过去,软件和服务的重要性与日俱增。思科、甲骨文、微软、谷歌、苹果等企业实现了极速发展,IBM和GE(通用电气公司)等企业则大幅度地转变了经营方向,例如IBM在2005年卖掉了PC(个人计算机)部门。

此外,围绕着众多的顾客和用户做平台化建设,在此基础上向开发商和供货商提供商业平台,从其收入中抽取30%~40%的分成,这样的商业模式已经广泛普及。这也是苹果、安卓、脸书共同的商业模式。

对于这些商业模式,日本企业的应对措施是极其滞后的。人们丝毫没有注意到锐意进取的美国企业的新战略,或者即使注意到了,因为恐惧和不安而没有采取任何相应的行动,继而在企业发展方向上没有做出必要的转变,业绩不断恶化,对白领工作效率低下的情况也视而不见。总是缺乏实践,或者即使实践了也无法有效阻止业绩恶化,在这个过程中,工作效率低下的会议有增无减,人们在内部讨论和制作文件上反而花费更多的时间。

提高工作效率的关键在于"速度"

除一部分非常优秀的企业之外,大部分公司参与决策的管理层和部门领导都面临着巨大的难题。这些难题导致工作效率低下。对于这些本质性的问题,在企业层面很有必要尽早着手解决,但是作为个人来说,只能围绕"部门内外协调后的再次协调"以及"随之而来的庞杂冗繁的资料制作"来提升工作效率。

工作效率较高,也就意味着在短时间内能够取得较大的成果。其他人需要花好几天的时间才能完成的企划书,你只需要几分之一的时间就能完成,并且完成的质量也很高,这样不仅仅能够迅速获得上司的认可,还能迅速地走完公司内部的各种批准流程。

例如,想要制作一份企划书时,就需要把握好下述要点,迅速完成各个步骤,并以极高的质量来推进工作。

① 需要写什么,要向读者传达什么,明确地把握企划书的整体纲要
② 以顾客需求、竞争状况和业界的动向为基础,写出具有说服力的文章

③ 准确把握公司内部的决策过程，采用有效的、易于接受的表达方式
④ 能够迅速确定内容，迅速地和各工作岗位协调
⑤ 提出超出上司预期的建议

因为工作质量的改善在某种意义上也需要经验的积累，所以很难在短时间内看到成果，但是只要找准秘诀，工作速度就能不断提升。这样一来就能迅速多次地应用PDCA管理循环[①]，在习惯某项工作之前就能提高其工作质量。因为迅速完成工作后，如果还有剩余的时间，就可以推敲工作内容，获取反馈，或者进行额外检查等。

在提升工作效率的同时，认真地执行上述①~⑤的步骤，那么工作时间便自然而然地缩短至平时的几分之一，工作在整体上也会进入一个良性循环。

但另一方面，如果过度重视工作质量的话，那就很难在规定时间内完成工作，很多时候不要说应用PDCA管理循环，甚至连基本的工作要求都无法满足。工作一旦进入了恶性循环，要再想从中摆脱出来就变得极其困难，这一点尤其需要注意。

虽然也有例外，但是白领在工作中的关键就是对速度的重视。

[①] 管理学中的一个模型，包括Plan（计划）、Do（执行）、Check（检查）和Act（改进），按这样的顺序做质量管理，并且循环不止地进行的科学程序。——编者注

1.2　工作进展缓慢的原因

虽然明知道工作中速度的重要性，实际上还是有不少人都因为工作进展缓慢而烦恼。第2章之后，我将详细解说相应的解决方案。

无法迅速开始工作

实际上，工作进展缓慢的原因中，比起速度的问题，"没有迅速着手工作，无法着手工作"才是主要原因。

因为专注手头的工作而推迟新工作，因为这样那样的理由而不想开始工作，这样的情况很常见。就我自身来说，也没能克服这个问题。紧急情况下或者很急迫的情况下，我会迅速采取应对措施。但是除此以外的情况下，我会更加关注不那么重要但又有点紧迫的工作，或者是先完成被别人催促的工作，反而是非常重要、早就该完成的工作却被推迟了一天又一天。

一旦推迟了一天，就会认为"因为已经推迟了，所以必须认真完成"，但也有可能导致进一步推迟。越是推迟，越是希望弥补，越是希望取得更好的成果。基本上有这样的想法，就意味着失败了一半，因为在已经延期的状态下想要提高工作质量真是难上加难。因为手头上的其他工作也堆积如山，几乎很难找出足够的时间来完成工作。拼尽全力弥补推迟的工作，与一开始就着手工作相比，要多耗费数倍的精力。

有时一旦开始推迟工作，心里就会想"算了，推迟也是无可奈何的事"而导致工作进一步推迟。只要推迟了一次，只要延后了一次，就会进入恶性循环。这会让员工自身感受到巨大的压力，对公司整体的工作进度也会带来不良影响。

无法专注于应该完成的工作

即使能够做到马上开始工作，人们也常常因为其他事而分心，应对上司、下属、同事、客户等人的各种要求而无法专心工作的情况十分常见。人一旦专注某件事，当然就会无法顾及其他的事。与其说是无法顾及，说推迟或许会更恰当。而且越是认真、越是勤奋的人越是讨厌这样的情况，于是就花费更多的精力来处理这件事。这样只会降低工作效率，让人无法按照优先顺序解决更重要的工作。工作一旦得不到及时处理，会陷入恶性循环。一直将重要的工作推迟的后果就是工作越堆越多，导致无法收拾。

即使想要认真处理每一项工作，也应该狠下心来，从最为重要的工作着手，不被当时的各种情形所左右。但是包括我在内，大多数人都无法集中于某项工作而陷入恶性循环。

工作缺乏计划、不断滞后

即使能够提前着手工作、集中精力工作，但如果工作缺乏计划，那么工作的推进方式也是拙劣的。做好事前调查，委托他人提供信息，提前预订会议室，提前确认团队成员，这些都是应该提前完成的工作。如果没有提前完成而是临时采取行动的话，有可能因此而损失掉几周甚至几个月的时间。

究其原因，恐怕是因为缺乏想象力和预测能力。对于任何工作来说，在什么时间之前应该完成什么工作，为此又该在什么时间之前获取哪些信息，又应该在什么时间之前委托谁来提供这些信息，我们必须一边思考这些问题，一边推进工作。这和烹饪是同一个道理。如果同时要做几道菜，为了避免某道菜久置变凉，就应该先处理一下那些比较难处理的食材，或者是先用盐水腌制一会儿，或者是做好烹饪前的准备，仔细计划好烹饪的顺序再开始动手。

如果缺乏计划，需要进入下一个步骤时却无法迅速完成眼前必要的步骤，那么此后所有的相关环节都会因滞后而陷入恶性循环，进而导致工作不断滞后。

优柔寡断、犹豫不决

工作进展缓慢的重要原因之一就是优柔寡断。所谓优柔寡断，是指明明可以非常干脆地作出决定，却无法作出决定、犹豫不决的情形。这种情形下，应该向潜在客户提供怎样的方案，下一年的目标应该设定为多少，对于有能力做出成果却不怎么受下属欢迎的主任又该怎么安排，在这些需要迅速收集信息、作出判断、采取行动的时候，优柔寡断会导致什么都做不了。

变得优柔寡断的理由如下：

◎ 对于自己的判断没有自信，无法坚持
◎ 无论收集多少信息，都无法作出决策
◎ 虽然脑中有一些自己的意见，但出现反对意见的时候，无法准确地归纳自己的意见并做出回应。

如果对于自己的判断没有自信，那就无法摆脱过去的失败、工作中知识和经验的不足，以及过于执着不足，作出决定并采取行动。暂时无法采取行动并不意味着工作精细程度和质量有所提高，只不过是白白地浪费了时间而已。

无论收集多少信息都无法作出决策时，往往是因为没有在什么时间前决定什么、该做什么的这种目的意识和紧迫感，只是漫无目地地收集信息而不断推迟行动。信息是一种判断该往左走还是该往右走的单纯手段，必须将其具体化。但是问题是，在收集信息的过程中，有的人会误认为自己正在开展有效的工作。

有的人即使拥有自己的意见，在别人提出反对意见时也会自己先乱了阵脚。与其说是对自己的判断缺乏自信，倒不如说在这之前根本就没有考虑过工作的整体状况、过去的经验、本次工作的背景，而其本人也很清楚这一点，所以才会乱了阵脚。关键在于自己也没有做好"预习"，随意决定"某件事该怎么做"，所以面对反对意见时也无法积极地回应。这样的人也无法吸取对方意见中的精华，无法归纳出全新的观点。从结果来看，这样的人最终会变得优柔寡断，其工作效率也毫无提升。

制作文件和资料的速度慢

在文件和资料的制作上花费了过多时间，这可能是工作进展缓慢的首要原因。

在开始制作文件和资料之前，人们往往由于各种原因烦恼不已：上司严厉的表情浮现在脑海中，或者是没把问题调查清楚而感到内心不安、难以着手工作，或者是好不容易制作完成后又反复修改，或者是拿不准内容是否妥当而思前想后。

基本上，上司也不能特别清楚地讲明需要怎样的效果。在这种情况下，恐怕上司自己对于需要怎样的文件也不是很清楚。

更加糟糕的是，如果按照上司口头上的要求制作好文件的话，明明上司从头到尾都未曾下达过明确的指示，最后却认为"不是这样的，我怎么可能说过这种要求""真是不够机灵啊，难道非要我从1到10都说得清清楚楚才能理解吗"，或者是"×××

只需要我稍微点拨一下就能很出色地完成工作"。而且这种情况下，上司还往往会要求修改文件。

在文件和资料的制作上花费过多的时间，并不完全是上司的问题。有时候是没有彻底理解上司的指示，有时候是觉得反正都要挨骂于是失去了干劲，总之在开始制作之前会因为各种各样的情况而烦恼。有的人要反复思考文章的标题和内容。思考本身当然是一件好事，但是仅仅在内容需要深入推敲的时候才有必要反复思考。在没有自信的前提下，反复思考也不会有任何改善，也无法积累任何经验。

因为对工作整体的构成把握不足，即使将某个暂时的方针作为制作依据，在制作的过程中，头脑里还是会接二连三地产生各种疑惑。哪怕已经制作了一半也要从头开始制作，这种情况并不少见。

此外，只要是公司的业务，在制作文件和资料的时候，常常需要参考以往的文件和资料；但是有的文件和资料非常难以收集，甚至还有好几个版本，并且往往难以判断哪个是最新版本。

因为上述理由，有不少人都在文件和资料的制作上花费了工作时间的一大半。而且越是大型企业，越是要求员工制作大量的文件和资料。对于有些总公司或部门的管理人员来说，按照标准格式仔细地制作文件简直比生命还重要，这也是花费大量工作时间的重要原因。

在电子邮件上花费大量的时间

处理电子邮件也会花费大量时间。每天几十封邮件可能还不算什么，但是不少人每天都会收到上百封邮件。阅读电子邮件本身就要花费时间，在写回信的时候，又会源源不断地收到新的邮件。

面对堆积如山的未读邮件，不少人会感觉心情郁闷。在会议结束后，打开个人电脑一看，竟然多了几十封未读邮件。在回复邮件的时候偶尔看看收件箱，会发现突然又多了十来封未读邮件。常常是还没来得及回复，就淹没在邮件的海洋里。有时候工作还会朝着意料之外的方向发展，产生困扰。对问题的解决滞后，有时候状况会进一步恶化。虽然员工自身也有时间安排、计划，但是一旦出现问题，这些安排、计划都很容易滞后。

一旦产生了滞后，问题就会随着恶性循环不断扩大，相关工作岗位都不得不随之采取行动，邮件也进一步增加。如果在初期就采取应对措施的话，也许只需要发几封邮件答复或道歉就行，不过有时候也不得不面对几十封乃至几百封邮件。

即使没有陷入这样的恶性循环，也有不少人根本就不擅长写电子邮件。如果是写比较复杂的邮件，哪怕只是一封邮件也可能花费几十分钟的时间。

写邮件速度缓慢的人具有如下特点：

◎ 只是单纯的打字速度较慢

◎ 想不出恰当的表达方式

◎ 脑中没有根据具体的状况来写邮件的标准

◎ 无法预见具体该写多少内容合适，内容总是冗繁不已

打字速度比较慢的人，一般来说都不会盲打，而是用一根手指或两根手指一个字母一个字母地输入。有的人常常按错键盘，或者是对写邮件的要点完全摸不着头脑。与善于写邮件的人相比，他们可能要花费3~5倍左右的时间。

想不出恰当的表达方式的人，虽然能写会议安排等简单且相对固定的邮件，但在委托工作、道歉、交涉的时候就会不知所措。有的人总是想不出合适的表达方式，不知道该怎样委托才能让对方接受。有的人总是无法在头脑中设想出相应的场景，不知道该怎样道歉才能妥善地解决问题。

脑中没有根据具体的状况书写邮件的标准，这种人写邮件的时候都是毫无头绪，一边摸索一边写邮件。每次都因为拿不准而花费大量的时间，内容也比较偏离主题，因此很容易引起矛盾。

无法预见具体该写多少内容合适，邮件的内容总是冗繁不已，这种人缺乏清晰的思路。他们很少思考为了什么，以怎样的方式，写怎样的邮件，希望对方做出怎样的回应，邮件内容应该达到怎样的细致程度，所以才冗繁不堪。这种人的邮件有

时候全部是重复的句子,令人难以理解其主旨大意,而其写邮件也会花费大量的时间。

虽然写邮件越是熟练,越能顺利地沟通,但是一旦工作范围扩大,责任加重的话,写邮件难度的增加会超过写作速度的提升,最后写每封电子邮件的时间实际上并没有怎么缩短,工作效率还是在原地转圈。

会议又多又长

几乎在所有的公司里都有不少冗长的会议,或者是大家都不怎么发言、效率低下的会议,或者是漫长得让人快要昏厥的会议。

一个半小时或两个小时左右的会议还好,超过两个小时的会议也比比皆是。更糟糕的是,原以为是一个半小时的会议会一直持续两个小时,两个半小时之后也丝毫没有要结束的迹象。如果社长和部门领导不在意会议时间,那么任何人都不敢要求结束会议。从结果来看,实际的会议时间会大幅超过预定的时间,每天的大部分时间都被会议占据。

如果会议目的和预期非常明确的话,那么暂且不论,但更多时候目的并不明确,只是把大家召集在一起开会。人们总是觉得"要是不出席会议似乎不太好,还是参加吧",但是出席会议有可能不会有任何收获;甚至,在有的会议上连发言的机会都没有。

在大多数的会议中，会议讨论很少有简洁干脆的，更多的是类似"断了线的风筝"的发言状态。仅仅是在会议初期的时候，大家会按照议题讨论，但是一旦有人的发言脱离了议题，会议就会陷入无法收拾的局面。就算相关人员要求继续围绕原议题讨论，参会者也会听而不闻，甚至有时候还会反对。

冗长的会议不断持续，最终也没有做出任何决策。没有任何人想要做出决策，而即使有人想要做出决策，也有人会为了反对而反对。他们通过反对这一行为，来展示自己有多聪明，或者是表明自己的立场。基本上都是董事长和部门主管等权重位高的人因为相互反目而提反对意见，这种时候事务部门再怎么着急也于事无补。

因为最终也没有做出什么决策，所以人们常常又开始筹备下一次会议。虽然心里也会思考到底之前的两个半小时有什么意义，但也不得不推迟售后服务和新产品企划等工作。如果是时间不足，在第二天召开后续会议（做出决策）还情有可原，可惜更常见的是"隔周的定期会议"，这就使得原本应该迅速决定的事情轻易地被推迟了一个星期。要是进展不顺利的话，有时候为了配合管理层的时间安排，有不少公司甚至会往后推迟两个星期乃至一个月。

并且随着公司规模的不断扩大，通常员工不得不面对许多类似的会议，但是谁也无法清楚说明这些会议之间到底有什么区别。例如，产品企划会议、顾客需求讨论会议、强化附加价值会议等，这些会议各自的负责部门也有所不同,产品企划会议应由企划部门召开,顾客需求讨论会议应由客服部门召开,而强化附加价值会议应由管理部门召开。

只要不是特别前卫的公司,大多数企业的领导人每隔几年就会发出一次精简会议的指示,并要求降低会议成本。虽然会议会暂时减少,但没过多久就又会增加,一切又重蹈覆辙。一旦发生什么问题,人们就会为此召开新的会议,而浪费掉真正用于解决问题的时间。这样一来又可能出现新的问题和随之而来的新会议,这就是可悲又愚蠢的现实。

召开会议最大的问题在于,人们认为参加了会议就相当于做了工作。实际上在会议结束后,不少员工都会出现"会总算开完了,先抽根烟吧"或者是"喝杯咖啡,先暂时休息一会儿吧"之类的想法,进入比较放松的状态。明明还没有做出任何决策,或者是对于做出的决策有必要进一步细致分析并迅速采取行动的时候,人们在这样长时间的会议之后却总想着休息。于是不论对工作的速度还是对工作的进度,都会有巨大的负面影响。

大量的退回与重做

被上司训斥了半天,再根据上司的意见重新制作了文件和企划方案,但新方案却在会议上被上司本人轻而易举地驳回。这样的情况屡见不鲜。

明明对员工下达了极其含糊不清的指示,却期待员工能够完完全全按照自己的意愿来出色地完成工作，这样的上司有很多。自己也不清楚到底希望做出怎样的成果，于是下达给员工的指示也停留在"那件事就交给你做了"或者是"要有这种或那种感觉"的程度。并且上司本人对这件事不抱有任何质疑。因为上司深信，员工就应该认真揣摩上司的心意来制作文件和企划方案。而在自己还是普通职员时因上司的模糊指示而深深烦恼的过往，则不可思议地忘得一干二净了。

　　员工当然也觉得非常困扰，也想要弄清楚到底上司想要的是什么。但是归根结底上司本人根本就没有弄清楚到底想要的是什么结果，并且往往认为那不是自己的工作范畴，甚至对员工想要确认工作内容而提问的行为感到不悦。上司对自己的模糊不清的指示置之不理，甚至会训斥员工："这种事情你得自己考虑。你拿了工资，就该好好做事！"

　　因为几乎所有的上司都未曾思考、也不愿思考换作自己该如何处理这个问题，制作文件和企划方案的时间就这样越拖越久。我想不少员工都有这样的经历吧。某份文件上司要求反复修改而多次被退回，每次退回的时候还要遭到冷嘲热讽。

　　有的时候，经过反复修改后的文件其实和员工最初提供的方案差别并不大，这个时候上司往往会得意扬扬地认为"果然自己想到的方案是最棒的"，于是员工对于这种愚蠢上司的厌恶又多了几分。花费了这么多毫无意义的时间,最后文件终于完成。但是在传达文件的会议上，又要经历另一番折腾。

文件的内容明明如实地反映了上司的任性要求，在会议中，只要不合公司高层领导的意，上司的态度会在一瞬间一百八十度大转弯。上司会忙不迭地对高层领导的意见表示同意，就好像上司一开始就是这么认为的，而对于上司本人要求修改的文件内容则予以批评。

如果上司说"这个员工资历还浅，请多多包涵"，那还算好，如果当初员工反对了上司的意见却被上司强行要求修改，到了关键时刻上司又若无其事地把责任完全推卸给员工，这时员工才真是欲哭无泪。一旦发生了这种情况，不单单是时间上出现巨大的损失，员工对公司的忠诚度和干劲也会瞬间跌到谷底。

关于上司自身的领导方式和对员工的培育，尚有不少问题点，这样的问题日益严峻，有机会我希望能做进一步的调查分析。

1.3　速度能够解决5个问题

一旦速度提升，就能迅速着手该做的工作

　　如上所述，工作速度慢和速度快的人之间存在巨大的差距，对于工作速度慢的人，与其说是推进工作的绝对速度比较慢，倒不如说许多人只是在工作快截止之前才着手。

　　从我自身来说，在工作任务临近截止时间的情况下，我能够非常迅速地完成这项工作，但同时也不得不接二连三地推迟其余工作，这是很早以前就形成的坏习惯。写书之类就是这样的典型，当我匆忙推进手头的工作时，即使快到截止日期，我也只能往后推迟交稿时间。尤其是我每天都要面对庞大数量的邮件并回信，还要准备第二天演讲时使用的资料等，这些工作都是最优先的，所以交稿的截止日期也变成一种可有可无的存在了。

　　此外，如果能把精力集中于手头的工作，倒是能拉快进度，但是绝大多数时候总会有些突发事件让人无法集中精力。因此，我想尽办法尽量避免突发事件，专注手头的工作来提高效率。

当工作速度得到提升的时候，其他的工作、业务也会随之井然有序地完成，最终，在某种程度上便能够在截止日期前的某个时间轻松地开始着手这项工作。如此一来便形成了一个良性循环。不需要太费劲，也不会造成太大的心理负担，渐渐地便能将该做的工作依次有序地完成。工作速度提升以后，因为比别人能提前了那么两三步，所以可以毫无压力地着手最重要的工作。

一旦速度提升，头脑就会越来越灵活

一旦工作速度提升，大脑就会不可思议地变得越来越灵活。

首先，人们会开始思考该做什么，该怎么做。一旦进入了这样的思维模式，写新企划方案之类的工作也能一口气完成。思维开始迸发创意的火花。

随后，书面文字也开始如行云流水一般迅速成型，制作资料和文件的工作也突飞猛进。迅速完成工作的时候，甚至会让新来的员工大吃一惊。

进而，推进工作的过程中应该把握哪些关键人物，应该和谁保持沟通，类似这样的关键节点（推进项目过程中的极其重要的部分）会越来越明晰。这并不是重视事前沟通的日本企业独有的工作现状，在日本以外的国家其实也差不多。究竟谁才是工作部署的关键人物，让这个人协助某项工作时该做哪些准备，为此又应该和谁先沟通一次，又应该寻求谁的协助，一旦工作速度提升，这些问题都能轻松地解决。

接下来就进入了"举一反三"的境界。在最终完成某项工作之前，对于工作中的障碍和困难，比如接下来该做什么工作，对某个问题该如何防患于未然，对于准备阶段较长的工作该做好哪些事前准备，都能做出清楚的判断，思维进入活跃的状态，应当采取的对策总能够自然地浮现在头脑中。这和胡乱摸索截然不同。

在这样的状态中才能看到工作中的遗漏，才能踏踏实实地在工作中做出成果，进而受到上司和客户的认可，还能以良好的势头和公司内部的有关部门以及合作企业共同推进工作。即使面对非常困难的工作也能沉着应对，井然有序地去完成。

通过这样的过程，工作速度得到提升之后，工作便总能比别人快一步。如此一来，便能够轻松地收集到必要的信息，也容易获取他人的信赖，作为领导人则更被下属信赖。在这样积极的状态下，敏锐度也会上升，能够注意到工作中的诸多细节，与此同时收集到的信息量越大，越能做出最适当的判断。

一旦速度提升，便能多次运用PDCA管理循环

工作速度提升后，工作推进得更快，便能比其他人或者是比自己平时更早地运用PDCA管理循环。

PDCA是指Plan（计划）、Do（执行）、Check（检查）、Act（改进），是一种管理循环工具。每当运用这种循环工具时，工

作的质量都能得到提升。一次、两次甚至多次运用该循环工具后，工作的成果便能日臻完善。

以制作文件为例：

Plan（计划）：讨论文件的整体构成、页面分配以及每一页的内容、是否有遗漏等。

Do（执行）：完成所有页面的制作。

Check（检查）：确认最初的目标是否全部达成。

Act（改进）：重新编写不足的部分和不适当的部分。

Plan（计划）：重新讨论文件的整体构成、页面分配以及每一页的内容、是否有遗漏等。

Do（执行）：全面修改。

Check（检查）：确认最初的目标是否全部达成。站在文件阅读者的立场来确认。

Act（改进）：重新编写不足的部分和不适当的部分。

以开拓客户关系为例：

Plan（计划）：根据目标客户的事业规模和资格来制作客户开拓计划。

Do（执行）：按照客户开拓计划，实际拜访10~20家公司。

Check（检查）：根据拜访的结果，重新审视最初制作的客户开拓计划。

　　Act（改进）：根据修改后的客户开拓计划，重新规划如何开拓客户。

　　Plan（计划）：重新根据目标客户的事业规模和资格来制作客户开拓计划。

　　Do（执行）：另外拜访5～10家公司。

　　Check（检查）：根据拜访的结果，最终确认修改后的客户开拓计划。

　　Act（改进）：根据修改后的客户开拓计划，再次规划如何开拓客户。

　　第二次运用PDCA会比第一次更快，第三次运用会比第二次更快，修改的部分则越来越细致，自我的敏感度和大脑的无头绪状态也能不断得到改善。

　　有的人很擅长Plan（计划），但却不擅长Do（执行）。有的人不擅长Plan（计划），却充满了行动力。有的人对Plan（计划）和Do（执行）都不怎么擅长，但却特别擅长Check（检查）和Act（改进）。每个人都是不同的，如果碰到不擅长的步骤而终止PDCA循环那就得不偿失了。对于不擅长的部分只要稍加改进，就能完整地运用整个循环工具。此外，还需要一些节奏感，类似跳舞时有规律的舞步一样。从简单的工作着手，便能渐渐把握高速运用PDCA管理循环的诀窍。

PDCA管理循环并不总是按照同样的节奏来应用。第一次可以非常快速地运用，能够大致清楚工作的产出内容。这样一来，时间会变得比较宽裕，心理上也会比较放松。第二次应用循环工具时可以放松心情，但是要非常迅速地应用PDCA，因为已经明确重点在哪里，只需要确认真正重要的部分，便能够在改善的同时进一步加速应用。

一旦速度提升，便会充满干劲

工作速度提升以后，心中便会充满干劲，这是因为：

◎ 工作速度提升后，就能做好各种事前准备，能够更有效率地解决问题

◎ 工作速度提升后，就能更轻松地准确把握住顾客真实的需求，采取对策的精度也会得到提高

◎ 工作速度提升后，即使出现了一些小错误也能迅速纠正

综上所述，工作速度提升后，确实能更轻松地做出成果。这样一来，肾上腺素的分泌会更加旺盛，工作甚至会进一步加速，进而在工作效率上超过同事。有了不错的成果，心中自然而然会涌起干劲。能够迅速推进工作的人对于工作速度和干劲的关系都是了然于心的。

但另一方面，能长久维持干劲、工作成果却起伏较大的员工实际上也大有人在。

总觉得没有干劲，无法集中于眼前的工作，在这种情况下，为了维持干劲而拼命努力，这种努力反而成了一种压力。这时候，其实可以稍微牺牲一下工作的精度，而大幅地提高工作的推进速度。提前完成准备工作和各项安排，在不求精度的前提下，先做出一个成果再说。然后需要尝试运用PDCA管理循环。在这样不断重复努力细致的过程中，即使心中没有涌起特别强烈的干劲，也必定会有一定的成果。至少工作速度提升以后，对周围事物的判断也会变得准确。这样的改进让人兴奋，于是心中渐渐地就能涌起干劲来。

虽然不是指所有的工作，但是对于大多数工作，都可以先干脆地推进，在精神上比较轻松的情况下形成一种良性循环，进而逐步提升自己的干劲。为此对工作速度的强烈意识也是必不可少的。

速度提升之后，才能发挥出实力

工作速度提升之后，心中涌起干劲，工作也能迎来成果。这样一来，心理上也好，身体上也罢，都能保持轻松愉悦的状态，便能发挥出自己真正的实力。

有的人抗压能力强，有的人抗压能力弱。抗压能力强的人，不会过度担心结果如何，他们的原则就是"天无绝人之路"。从积极的角度来看，他们坦然地认为"自己把该做的事情都做了，之后的事情再怎么担心也没用"。能够如此坦然的人，心中过度的不安便会减少，并能以平常心推进工作。只要保持平常心，便能发挥出自己真正的实力。

抗压能力弱的人，都是非常在意结果的人。不单单在意结果，他们还非常在意别人是如何看待自己的，总是担心别人认为自己根本没有实力完成这份工作。这种人甚至连失败后的情形也开始担心起来。他们担心"失败后会不会很丢脸""这么丢脸还怎么去公司上班"等，进而陷入一种坐立难安的焦躁状态。

抗压能力强的人会认为所有的人其实都有压力，有压力也是理所当然的事，他们并不认为只有自己才有这样的困难。他们认为已经做好了事前准备，所以之后的工作进展总会有成果。"再怎么思前想后，再怎么烦恼也没用""总之拼尽全力一搏吧"，这就是他们的心境。

如果按照这样的心境来提升工作速度，那么根本就没有闲心去思考什么压力。如此说来，似乎"感觉到压力"这件事其实也意味着有余闲。在全速应用PDCA管理循环的过程中，根本就没时间因压力而烦恼各种各样的琐事，根本没空去烦恼，只是一个劲儿地反复循环PDCA。在这样的过程中，会渐渐地感受不到压力，当自己意识不到压力的时候，其实已经成功发挥出了自己真正的实力。

拼尽全力想要发挥实力，或者过度在意最终的成果，反而会增加不少心理压力。所以不要过度在意这些要素，只需要彻底专注在如何提升工作速度上。以超快的速度进入PDCA管理循环，将精力集中在PDCA的各个步骤，那么自然而然就能得出成果。你甚至还会摆脱因压力而带来的烦恼，不知不觉间便发挥出自己真正的实力。

1.4 工作速度能够持续提升

工作中可改进的点是无限的

读到这里，有的读者可能会认为自己已经拼尽全力提升了工作速度，并达到了极限。但是实际上，在工作中能够改进的问题点是无穷无尽的。

例如，哪怕是在"把文件复印20份然后用订书机订起来"这样简单的工作中，能够改进的点也有不少。例如，当文件复印量很大的时候，在复印机的液晶屏幕上贴上备忘的便签，或为了让复印出来的文件四周没有阴影，而用较大的纸把文件完全覆盖等，都是提升速度的好方法。用订书机订文件的时候，通常是订在页面左上方，并且要45度角斜着订，这样更便于阅读文件的人翻阅，也不易被撕破。

为了方便他人使用，除了原本的文件夹，你是否将制作完成后的文件复制并保存到"备用文件夹"里？或者有时候根据需求去除内容，只保存了模板？

对于邮件的正文，你是否同样也设置了专门的"邮件范文文件夹"？如果你认为别人发给你的邮件文笔优秀，你是否也保存了？

为了提升写邮件和制作文件的效率，你是否为了提升盲打的速度而努力？是否掌握了诸多的快捷键设置？

在推进项目的过程中，为了推进团队内部的交流，你是否从一开始就设置了Facebook账号、邮件列表以及文件共享平台等？

即使你将本书介绍的所有方法都运用到工作中，你的工作还是存在很多可以完善的地方，并且这项工作也是随着时间流逝而不断变化的。可以说工作上的改进是没有止境的，工作速度也能够不断地提升。

提升工作速度是一件愉快的事

在工作的细节上下功夫，工作成果的质量会获得提高，工作的过程也得到优化，速度则会进一步加快。此前制作企划文件需要两周时间、被上司反复退回要求修改的人，逐渐只需要三四天便能完成制作，甚至连上司提出修改的指示也大幅度减少。

此前稍微有些复杂的邮件需要花费1个多小时才能写完，而现在只需15分钟便能完成。除此以外，此前否决一个方案接着又否决另一个方案要开2小时以上的团队会议，现在也只需

45分钟就能彻底归纳整理所有议题，并就将要采取的对策达成一致。

一旦工作速度提升了，心情也会变得比较轻松，脑中便能不断闪现更多的好主意，还能多次应用PDCA管理循环。因为工作顺序变得井井有条，所以团队中的众人便能更加顺利地推进工作。工作中的时间浪费越来越少，自然就能做出更好的判断。

这样的状态，对于人的精神是非常有益的。员工心情舒畅，做什么事情都变得积极主动起来；员工对事物的消极思考也不断减少，并且不断思考如何改进工作流程，于是进一步地提升了工作速度。

也并非所有工作中的改进都能顺利推进，但由于改进带来的往往是积极的结果，所以这样的反复摸索其实也充满乐趣。员工使用新的方法和新的挑战来尝试各种令人惊异的改进方式，这样一来，工作速度便能不断地提升。

我从学生时期开始就做了这样的尝试，积累了不少经验。进入麦肯锡后，我在工作中四处碰壁。为了在职场中生存下去，我不得不拼命努力对工作流程做出各种改进。从麦肯锡辞职后，我一个人要完成更多的工作，于是进一步提升了工作速度。对于这样的提升，我也认为是理所当然的。不过，从整个社会的角度来看，普通人的想法似乎和我的想法有些出入。

年轻的时候，我常常自己组装塑料模型玩具，还把田宫玩具公司生产的有线遥控战车改装成无线遥控的构造，也许从那个时候开始我就养成了在细节上加以改变和改进的习惯。我认为对于组装这样的塑料模型玩具，应用PDCA管理循环也是理所当然的，否则便难以成功组装模型玩具，或者即使放入电池，玩具也不会动，或者即使外壳涂了漆，玩具也易被弄脏。

在和大家一起工作、向大家提改进工作方法的建议时，我渐渐明白，实际上我能够将自己提升工作速度的各种改进方法都充分地传达给大家，并且通过这些方法，任何人都能够在短时间内迅速地提高工作速度。无论是谁，一旦其工作速度得到提升，就会发现乐趣，进而开始主动地寻找工作中的各种可改进的点。我认为，这个改进的契机恰恰是很重要的。

从下一章开始，我将详细说明提升工作速度的原则，以及各种各样的改进方法。我希望让所有的读者都能体会到改进工作的乐趣。一旦体会了一次这样的乐趣，随后便能形成一个良性循环，自然而然地就会进一步改进，不知不觉中也掌握了改进工作的能力。

不断寻找工作中可改进的点，不断提高工作速度，这是一件非常快乐而有意义的事情。我希望让更多的人切身体会到这种快乐。

第 2 章

提升工作速度的 8 个原则

- 原则 1　首先形成整体印象
- 原则 2　工作不要过于细致
- 原则 3　掌握工作的要领
- 原则 4　形成良性循环
- 原则 5　对改善方法本身做改善
- 原则 6　凡事提前
- 原则 7　凡事先行一步
- 原则 8　尽量避免返工

2.1 原则1 首先形成整体印象

要想提升工作速度,首先对于该项工作必须有整体印象。所谓整体印象是指最终的成果是什么、为了取得最终的成果需要考虑怎样的要素、需要按照怎样的步骤和顺序才能取得成果、从什么地方着手才最有效等综合因素。

一旦有了整体印象,就能清楚判断哪个部分是最重要的,哪个部分不那么重要,哪个部分是必须认真对待的关键节点,哪个部分是危险的过渡阶段。这样一来,诸如过分细致地工作、一开始便在不那么重要的本应暂缓的工作上浪费过多时间等情况就可以避免,同时还能在全面分析风险因素的基础上,致力于提升工作速度。上司也会更加放心,团队中经验较少的成员在对工作形成了整体印象后,也都能顺利完成各自的任务。

以制作企划文件为例:谁是阅读对象,要制作多少页的企划文件,企划文件的目的是什么,文件的整体构成是怎样的,文件的目录是怎样的,在每一页中要安排怎样的内容,在这些内容中又要放入哪些细节——一旦清楚把握了工作的整体面貌,在每个环节中所要花费的时间和注意事项便会一目了然。

如果自己就是最终负责人，那就应该自己思考工作的整体框架，在平衡各种要素的同时推进工作。第三者的意见是极其宝贵的，所以还要尽量参考下属和同事的意见。当上司是最终负责人时，自己也要思考工作的整体框架，在充分确认上司的指示之后，再开展工作。

"确认上司指示"比任何事情都要重要，因为即便最初的指示足够明确，但上司中途突然变卦的事情也是实际存在的。也有部分上司实际上并没有充分理解员工的意见，而是轻而易举地告诉员工："我知道了，你就按那个方法做吧。"而且偏偏是这种上司，在发生问题的时候就会指责员工："你都干了些什么！"或者过河拆桥地来一句："我根本不是那个意思，你完全没有理解我的话。"这听起来有几分荒唐，但是大部分公司的上司也确实如此。所以从公司整体来看，对上司的教育比其他任何因素都来得重要。

作为一个现实中的问题，只要是在日本企业中工作的员工，十有八九都会遇到不可靠或难以信赖的上司，因此最好是多次确认上司的指示。而上司实际上常常会给员工难以信赖的感觉，所以也必须多多注意。也就是说，日本企业还很欠缺"上司对员工怎样做出指示，员工才能取得最佳的成果"这样的企业管理要领。

口头上的确认是很有风险的，因为记忆本身是模糊的，人们往往只会记住对自己有利的事情。哪怕认定"绝对是这样,我绝对是这样说的",但实际情况却很有可能完全相反。记忆就是这样靠不住的东西,但不少人却固执己见地认为"绝对没错,我绝对说过这样的话,我绝对同意过这件事",不少上司尤其如此,所以反复提醒上司是绝不为过的。将工作的整体框架清楚把握后,务必明确地向上司说明,并尽量避免语言上的误解。哪怕只是很短的时间,在对话过程中也要反复向上司确认。唯有这样做,双方才能放心,上司对自己的信赖度也会有所提高。

2.2　原则2　工作不要过于细致

为了尽快推进工作，不应该过于细致。当然细致本身是件好事，但重要的是"不要过于细致"。

关于这一点，对一部分人来说，在思维上必须得有彻底的转换才行。有的人深信"细致一定就是最好的"，这样的人在任何一家公司里面都是存在的，他们甚至反对干脆利落地完成工作。这样的人会身体力行地反对迅速完成某项工作，或在上司、其他部门的领导面前添油加醋地发表反对意见，加以阻挠。如果你就是这样的人，可以尝试着这样思考：其实在有些场合下，不那么细致地完成工作可能反而会带来一些好处。

当然真正重要的核心部分的工作必须认真细致地完成，但是其他的部分如果也按照同样的细致程度来缓慢推进的话，那么不管有多少时间都是不够用的。

从结果上来看，一旦超过截止时间，那么不管之前工作做得多么细致都于事无补。即使是对于工作的核心部分，也要时刻思考以下问题：这样的细致程度真的合适吗？这样的做法是否会导致品质过高而以至于多余？或者花了这么多时间，实际上和真正意义上的细致是否尚有差距呢？上一次是最佳的解决方案，这一次是否就不是最佳了？如果反复进行多次工作，便能找到相对更佳和更省时的解决方案，当然，这样的解决方案并不是指"偷工减料"。

一直把细致视为生命的人应该明确，在工作中，"成功＝工作顺利完成"。首先应该明白，要完成工作就必须对工作有整体把握。在全力完成工作之后，再回头重新检查一遍，从整体上来说实际上也是细致地完成了工作。

对于即便如此仍觉得难以接受的人，我认为可以这样思考：工作的整体流程其实也包含了许多不确定因素，如果在其中的一小部分上花费了过多的时间，那么最终往往会因为时间不足而陷入匆忙慌张、难以应对的窘境。也就是说，虽然非常细致地完成了某个部分，但是从工作整体的角度来看却一点都不细致。

即便如此却还是难以理解这一点的人，可以尝试这样思考：工作本身并不是以细致完成为最终目的，它终究要以做出某项成果为目的。为了做出成果，我们才需要某种程度的细致，只需要满足这个条件就够了，"细致"却绝对不是一个必要的前提。当时间非常充分，而且人手也很充足的情况下，有时候人们也会过于细致地完成某项工作，顾客对于这样的细致也确实是赞不绝口。但是现实生活中，有的顾客希望尽早拿到成果，或者顾客本身的利益与细致无关，所以对细致与否不太重视的情况也非常常见。某种程度上，只要极其细致地完成工作，顾客就会相应地支付一笔额外费用的时期在以往确实也存在过，但是现在却越来越少了。所以不要一味拘泥于细致，在考虑到平衡各要素的基础上，只需要细致地完成对客户来说真正有意义的那部分工作即可。

理发品牌QB House就彻底实践了这样的思考方式，他们将以往要花一个多小时才能完成、收费几千日元的理发工作，全部替换为理发10分钟收费1080日元的新式服务，最终实现了企业的高速成长。当然，我也无法断言这就是一种非常好的服务模式，但是工作必然是某种事业的一部分，如果这项事业无法取得成功，便无法持续地向顾客提供附加价值。所以按照这样的思维方式，即使再怎么细致也应当思考工作各要素之间的平衡，在明确优先顺序之后再推进各项工作。

综上所述，虽然每个人都有各自的价值观，但是对每项工作，"不要无意义地过于细致地工作"这一点是非常重要的。在很多情况下，"细致"并不是顾客的要求，而很有可能是工作者不仔细思考便着手工作的结果，我希望大家能够时常意识到这一点。

2.3　原则3　掌握工作的要领

要想提升工作速度，掌握工作的要领是一种有效手段。

所谓掌握工作的要领是指，把握完成工作所必需的要点，在减少时间浪费的同时推进工作。因为掌握了要点，所以心情相对比较放松，在把握工作各要素的整体平衡的同时，能够充分应用PDCA管理循环。因为把精力主要放在了应该重视的部分上，所以能够确保最终的成果质量，也不用担心出现被大量工作逼得手足无措的情况。

因此，掌握了工作要领的人看起来总是比较坦然、放松，也不会给人焦躁的印象。他们总是很冷静，还时常和旁人沟通，并且其工作本身也是以电光火石的速度在推进，他们的视野也绝对不会闭塞。他们总给人一种富有亲和力、丝毫没有妄自尊大的印象。那么究竟该怎么做才能拥有这样出色的状态呢？

首先，你必须想象某项工作进展顺利并已经圆满完成的情形，脑中要有明确的"工作成功的设想"。

假如要召开一次"30位忠实顾客的顾客交流会"，你可以设想其目的不仅仅是"制定详细的交流会流程,准备好节目后再召开",而是"让参加交流会的绝大多数顾客喜笑颜开,进一步加深对本公司的喜爱然后满意而归。不仅仅对于商品,还希望顾客与生产产品的本公司员工产生良好互动,加深理解,作为公司热情的'粉丝',对其朋友和熟人都能宣传一下本公司的产品。本公司的管理层也要在和忠实顾客接触的过程中,从身边实际存在的顾客身上切实感受理想的顾客形象,进而更加倾尽全力地推进现有事业"。对于这样的案例如果能详细地设想出各个细节,那么自然而然地就能掌握工作的要领。

此外,对于实现"工作成功的设想"所必需的要素,通过反复在脑中模拟现实来明确工作的运行流程也是非常重要的。

我们必须首先多次缜密地思考必须在什么时间之前做什么事,必须做到什么程度,必须按照什么顺序来做,必须委托谁来完成等问题,然后在头脑中反复模拟现实。通过反复的思考,就能明确哪个步骤容易出问题,脑中便会涌现出许多类似的想法。

在尚未熟悉某项工作的流程时,应当多多观察工作熟练者的工作状态,思考对方为什么总是能如此熟练地完成工作,他们眼中的工作要领是哪个部分,他们又是如何一步一步完成的,类似这样值得学习的地方数不胜数。在一旁观察的时候,总还是有许多不明白的地方,所以还应该多多向他人虚心求教。在这个过程中,便能反复体会到"原来如此"的喜悦。

2.4 原则4 形成良性循环

为了提升工作速度，应当让工作中的各个部分都进入良性循环。所谓良性循环是指在推进工作的时候，工作本身朝着良好的方向自然发展的状况，另外，周围的相关人士会不断协助自己，各种各样的好事也会接踵而至。

在此我想通过几个简单的事例来说明。例如，在制作文件之前先委托他人提供必要的资料，那么在实际的制作过程中，有关部门已经将收集好的资料全部提供给自己，并且由于事先告知了对方现阶段的工作状况，所以长久以来部门间沟通不畅的问题也随之得到解决，进而更加推动了工作上的协作。当然，作为部门的领导，在上任后就应当经常和相关部门的关键人物保持充分沟通，能够为对方帮上忙的地方则要尽力去帮，这一点其实是非常重要的前提。

再比如说，通过提前设定团队整体的经营方针和沟通规则，使团队成员之间的沟通更加顺畅，便能防患于未然，团队成员也能安心地专注于工作进而取得良好的成果，也能进一步提高干劲。该如何领导团队的发展？在什么阶段可能会发生严重的问题？在最初创建团队的时候，对这些问题充分地做出事前讨论，乃是形成良性循环的重要基础。

抑或是假设公司参加了某个展会，在和多家公司交涉后，最终锁定一家公司，通过进一步的谈判，双方约定共同开发某种独特的产品。由于该产品获得成功，在随后的展会中公司大获好评，新的商业洽谈也纷至沓来。

要想形成上述的"良性循环"，需要掌握这样几个诀窍。第一点，良性循环只会在互相信赖的团队成员和伙伴之间形成。人际关系不稳定的话，当然就难以形成良性循环。因此应当重视团队和成员，重视彼此之间的沟通，这样才能使业务良性发展。有了良好的人际关系，工作在不知不觉间进入某种良性循环也就不足为奇了。

第二点，一旦形成了良性循环，则应当让良性循环进一步加速朝着更好的方向发展。究竟形成了怎样的良性循环，自己能亲身体验到，于是也更加有动力去寻找适当的方法进一步推动它的良性发展。这其实是工作过程中最让人快乐的一件事。大脑中会接二连三地涌现好主意，每次尝试都会带来全新的成果，团队成员欢欣雀跃，顾客也心满意足，这就形成一种从未有过的积极状况。

第三点，实际上我们也不应当过于主动地促进良性循环的形成。良性循环就如同在初春撒下的许多种子，用不了多久就会自然地萌芽。到底哪种种子能够形成良性循环，不经过实际观察的话是难以得出结论的。播撒种子的行为绝非偶然而为之，但也不用刻意而为之，只要专注于播撒种子这件事本身即可。

如果刻意地想要形成某种良性循环，往往会适得其反。工作前的准备和铺垫也很重要，良性循环往往在它必然会形成的时候自然出现，犹如水到渠成。

2.5 原则5 对改善方法本身做改善

任何人，在任何工作中，都希望通过一些改善方法来更加有效地推进工作。在经过这个阶段之后，人们还会意识到"对改善方法本身做出改善"，或者是"寻找特别的改善方法"，让工作速度进一步提升。我个人非常关注这一点。不要局限于"少许的改善方法"，而要寻找更加彻底的"特别的改善方法"。

例如，在希望提升工作速度的时候，人们通常都会选择仔细观察老员工的工作方式。假如身边有两位员工的工作速度特别快，而另外两位相对比较慢，那么可以分别请教这4个人，然后两两一组分别比较他们之间的共同点和不同点，在归纳整理异同点后再对自己的工作方式做调整。我想大多数人可能不会做到这一步，如果你认为"为了提高工作速度需要做到这么细致吗"或者是"必须做到这一步吗"，我只能告诉你："达到这种水准的努力和改善是至关重要的。"反复做类似改善的人，和几乎什么都不思考，只是按部就班、一成不变地完成工作的人之间，确实存在很大差别。

再比如说，为了提升工作速度而从现有的资料中筛选出有用的部分归档，这种小事许多人都会做。但有的人还会事先从公司内部的有关资料中选出可能会经常用到的部分，然后贴上便利贴制作一份简单的索引，这样便能在头脑中勾勒出整体流程，下次的归档工作速度便能大幅提高。能够准备到这种程度的人却是凤毛麟角。

此外，一般人会为了提高写邮件、文件时的速度而添加一些个人常用词汇，但是为了彻底提高输入速度而一口气添加几百个词汇，甚至是将邮件地址和网页地址等也作为常用词汇添加的人却少得可怜。

为了提升工作速度而尝试各种改善方法者大有人在，但是为了寻找彻底的改善方法而坚持写"提升工作速度的诀窍"一类的博客来对他人给予鼓励的人非常少，通过召开研讨会等活动来进一步向他人学习掌握工作要领的人则更少。

除了上述内容以外，工作中还有无数的改进余地，在日常生活中坚持不懈地做某种特别的改善，工作速度便会不断提升，工作质量也会相应提高，还能形成从整体上来判断事物的意识。通过与众不同的努力，积少成多，渐渐地就会产生巨大的差异。

并且，这种努力对人的精神也是非常有益的。因为自己所尝试的努力和他人明显不在同一个维度，这件事本身就是一种鼓励。从结果来看，这样也更容易形成良性循环。周围的人更加信赖自己，自己也就能更加轻易地收集到各种信息，并且不需要花费过多的精力便能维持这份努力。到了这个地步，工作就和个人兴趣所带来的乐趣相差无几了。

2.6　原则6　凡事提前

在迅速推进工作方面极其重要的一点,就是将能够完成的工作全部提前完成。所谓"全部提前"是指,即便是计划中的工作,只要是在能够完成的范围之内,都尽量提前一些完成。提前完成会让人更加轻松,时间上也更加充裕,让人冷静地以更加全面的视角来推进工作。心中感到轻松的同时,大脑也会变得更加灵活。

总是在快要临近截止时间时才完成工作的人,可能根本就没有考虑过提前完成这件事。但是如果每次都是"临近截止日期"才能完成工作,那么就会因为眼前的工作而手足无措,也无法先发制人,在计划发生偏离的时候甚至连挽回的机会都没有,根本不可能形成什么良性循环,并且还很难得到他人的协助。心中的压力会越发沉重,身心都陷入疲惫的境地。

如果身处这样的状况之中,该怎样做才能提前完成工作呢?以下列举一些要点:

◎ 首先要掌握工作的整体流程

◎ 终止多余的工作和不必要、不紧急的工作。如果能够委托给他人，就彻底委托给他人

◎ 专注于只有自己才能完成的工作，先把这些工作做好

◎ 一旦时间开始变得比较宽裕，就一点一点地提前完成其他工作

◎ 以3~6个月为基准，对工作整体的安排做一次较大的调整

"临近截止日期"才完成工作的人，很多时候都没有掌握好工作的整体流程，有时候甚至固执地认为自己没有多余的精力去理解工作的整体流程。

首先有必要改变这一观点。如果有什么不明白的地方，就应该坦诚地向上司或前辈询问。有可能别人会惊讶地问你："你连这种事情都不知道吗？你连这个都不知道居然还干了这么久？"但是，"求教乃一时之羞，不问乃永世之耻"。

其次，对于多余的工作和不必要、不紧急的工作必须做出调整。一旦清楚掌握了工作的整体流程，便能轻易地做出判断。请教老员工，让对方为自己列一个优先顺序出来也是很重要的。其实对于大多数的旁观者来说，他们可能经常默默地认为"为什么要做这种事情""为什么要做多余的事"，或者是"明明有更好的解决方法，为什么要这么做"，却因为怕麻烦，或者担

心被人讨厌，而不敢开口给新人建议。当然，有的公司里前辈会把企业的技术信息彻底传授给新员工，但是这样的公司非常稀少。

此外，还应该专注于只有自己才能完成的工作。在这一点上其实有不少改善方法。最初，对于老员工和其他同事所传授的所有内容都应该尝试一下。在有的公司里，上司或前辈员工可能会冷漠地告诉你："你就用这种方法完成工作就行了。"但如果一直不做出改进，那估计一辈子都只能被人差遣了。

通过这样的不断努力，任何人都会有所进步，工作速度也会不断提升。在这样的过程中，随着时间越来越充裕，便能逐渐地提前完成各种工作。提前完成工作的良性循环一旦开始的话，就能更加轻松地完成其他工作。虽然有的人深信"不需要当天完成的工作就不必完成"并付诸实践，但是对于希望获得成长的人，我并不太推荐这样的信条。"不需要当天完成的工作就不必完成"，这句话乍一看似乎是非常合情合理的，但是背后其实隐藏着"工作就是为了获取工资，就是为了生活"这样的想法。虽然这样的想法本身也是理所当然的，但是有这种想法的人始终无法提前完成工作，最终工作速度得不到提升，这一点正是我所担心的。看起来是聪明人的工作方式，但可能实际却不是那么回事。

"全部提前"并不是指要一直工作到赶最后一班地铁，也不是指通宵达旦地工作。例如某天晚上要参加培训班和研讨会，所以在参加前将能够完成的工作全部完成，这才是"全部提前"，仅此而已。但是，我个人更推荐"将能够完成的工作全部提前完成"。今天能够完成的事就在今天完成。就算不是那么紧急的工作，今天能够完成的事也要全部完成。我并不建议大家长时间加班，而是希望在自己能够接受的有限时间内全力完成工作。这样做才能让自己真正地放松，才能让自己重拾自信，才能让身体分泌肾上腺素，才能让思维更加活跃，发挥出真正的实力。如果凡事都能以提前完成为前提，那么临时抱佛脚的情形便会消失不见，因为即使遗漏了计划中的工作，只要时间充裕便没有什么大问题。

2.7 原则7 凡事先行一步

凡事都比人先行一步，对人的精神是非常有益的。凡事先行一步是指"比别人先行思考应当前行的方向""比别人先行调查应该调查的信息""主动设定会议内容"等等。换句话说，在别人注意到问题并采取行动之前，你不知不觉间就已经进入先行一步的状态。

哪怕只是比别人先行半步也好。你只需要比别人稍微早一些采取行动，便能充分地发挥出领导能力。因为在任何情况下，人们总是愿意追随那些比自己先踏出一步的人。人们会向你请教经验，你也能获取不少新的信息，在这样的状态下更容易找准最佳方案，还能进一步发挥自己的领导能力。能够成功发挥出领导能力的人，愿意与之共事的伙伴也会不断增加，于是工作速度便得到进一步的提升。

在我们周围，有的人往往是让别人先行一步，看准别人会在哪里失败之后，再采取行动。乍一看这似乎是非常明智的选择，但是我并不推荐这么做。如果采取这样的做法，便无法先人一步获取最新的信息，也无法提前掌握工作的整体流程。比他人提前着手工作能够更早地做出成果，或者即使失败了也能学到不少经验。当风险较大的时候，当无论如何也没有勇气先行一步的时候，采取上述的做法也是无可奈何，但如果总是比别人慢一步，工作便会延迟，也无法发挥领导能力。

当然，如果过于坚持急进主义，往往会栽跟头，因为毫无意义的冒险会造成巨大的损失，所以这种方式也是不可取的。所谓过度的急进主义，是指几乎不考虑前方有什么风险，不明白还需要哪些条件，不清楚公司和自己有多少能力，不看清前方的形势便盲目地往前冲。要清楚分辨"先人一步"和"过度的急进"这两者之间的区别，这才是关键所在。

这样的分辨能力因人不同也会有巨大的差异。分辨能力较差的人，心中始终比较浮躁，总是希望尽快拿出成果而焦急不安，丝毫不考虑公司和自己的能力便盲目地往前冲，其行动也往往充满攻击性，常常让周围人无法理解。

如果你认为自己似乎也有这样的倾向，请按照109页所介绍的方法，偶尔接触一下公司外部的人，寻求他人的意见。如果总是自己思考问题，难免会有失偏颇，因为大多数人总是对上司、下属和同级别同事的意见抱有反感，难以坦诚地接受他们的意见。

2.8　原则8　尽量避免返工

在工作中，返工的情形也是时有发生的。花费了不少时间，工作有了较大进展的时候，突然意识到制作资料的方向是错误的，这样的事情很常见。此外，人们还经常在工作的过程中才意识到与推进工作的前提条件发生了偏离。

虽然这些情况是无法完全避免的，但我们仍然希望能够尽量避免发生。返工不仅是花费多余的时间，还会导致团队的士气大幅下降，让工作重新回到正轨也并不容易。一旦发生了返工的情形，有时候还会不断拖慢进度，甚至到最后也无法挽回已经产生的损失。作为领导者，自信和勇气都会受到影响，而成员对领导者的信赖感也会大幅下降。那么该怎么做才能避免这样的返工呢？

如果是初次接手某项工作，则应该先向周围有经验的同事多多请教，理解工作的整体流程，确认好哪个部分会容易出现遗漏。前辈员工对于大部分工作都有顺利完成或者失败的经验，应当向他们学习所有能够学到的经验。对于风投企业或者是个体经营者而言,这样做同样也是有必要的。即使公司内部没人有相关经验,公司外部还有不少同行业的前辈,主动向他们请教的话,一定能学到不少知识。

此外,凡事开头难,如果自己没有什么自信的话,那么频繁地向上司或前辈员工确认也是很重要的。在脑中设想成功完成工作的流程,并且反复思考,一旦发生了偏差也可以马上注意到。

有一点需要注意:当人们意识到有返工的可能性时,往往会睁一只眼闭一只眼任由其继续发展下去。人们即使认为"这件事有点不妙,可能需要返工"的时候,也会担心因提出问题而让其他团队成员失望,或者很在意上司或前辈员工对自己的看法而默不作声,甚至还会认为只要继续现在的工作可能就不需要返工,从而放过眼前出现的问题。自尊心很强的人,以及不愿意承认自己失败的人,尤其需要注意这一点。

如果上司或前辈员工在身边,应当立刻告知对方各种不良倾向,用最快的速度采取挽救措施;如果身边没有这样的人,那就应该用领导者的意识来迅速解决。因为返工的时间越晚,让工作重新走上正轨就会花费越多的时间,所以必须意志坚定。越是出色的企业,越是优秀的上司,越是会迅速地交换各种坏消息,从而防患于未然,并采取迅速的应对措施。

第3章

提升思考速度的方法

- 通过"A4纸做笔记"来实现零秒思考
- 用于工作中的把握问题和解决问题的能力
- 带来超常工作速度的假设性思考
- 零基础思考
- 通过"深入挖掘"探求真相
- 制作工作框架的训练

3.1 通过"A4纸做笔记"来实现零秒思考

全世界最简单的头脑灵活度训练

我认为,所有的人原本都是同样出色的,但人们常说某人学历高、某人学历低、某人成绩出色、某人成绩差劲。其实在读小学和中学的过程中,是否能够成功地把握应试教育的要点,会对今后的人生产生巨大的影响。比如,念中学的时候班上偶尔有一个不错的竞争对手,于是学习也变得很有乐趣,或者在补习班里大家都在拼命学习,为了跟上大家,自己也比较努力地学习,最后总算是进入了一所不错的学校。确实在平时我们也会遇到一些比较有难度的工作,但是普通人在普通的工作中、在普通的生活中,大脑是否聪明并不那么重要。其实普通人的大脑都是足够聪明的。

反而有不少考入了东京大学的优等生,因为在应试战争中脱颖而出,所以他们的自尊心都高得异于常人,或者过于自信而导致思维僵化,也不会虚心听取周围人的建议,因为在人生中没有遇到过什么挫折而对别人的痛苦无动于衷,从做人的角度来说可能有些问题。考试能力很出色,并不一定就是"聪明"。

当然,象棋和围棋的专业棋士、理论物理学家、数学家的思维方式确实和常人有所不同。他们可以看到一百步之后的棋路,可以在头脑中构筑复杂的数学公式。但是这样的能力不要说是在日常生活中,甚至在普通的工作中也几乎不会用到。除去这样的例外,普通人其实是足够聪明的。即便别人说自己不够聪明,或者因为自卑而觉得自己不够聪明的人,也都能有条理地思考。人们总是在自己的判断选择中生活,甚至还能为朋友提供建议。这和学历没有丝毫的关系,这个世界上有许多人从事着一份优秀的工作,并在生活中不断自我感动。

但是原本聪明的大脑,有时候也会因为烦恼、顾虑和固有习惯而无法充分发挥思考能力。因为心中有各种各样的烦恼而无法集中精力思考的情形,我想任何人都经历过。哪怕只是一个小小的顾虑,也会让人无法集中精力思考。就算想要认真思考,没过几秒钟,内心便又被烦恼所笼罩。

有时候也说不上烦恼,但总觉得心中烦闷不堪,这种情况也十分常见。

自我进入麦肯锡公司以来,便一直坚持采用"A4纸做笔记"的方法,成功地除去了心中的烦恼、顾虑、不安和混乱,并充分发挥出了大脑原有的出色的思维能力。

将A4纸横着摆放,在左上方写上标题,右上方写上日期,正文写4～6行,每行20～30字。花1分钟的时间写完1页,从早上起床后到晚上睡觉前,写10页,那么你的大脑就能非常清晰。如果每天坚持书写10页笔记,那么你的大脑一定会越来越灵活。有工作能力的人甚至会成为更加出类拔萃的人才。

为了普及这样的"A4纸做笔记"方式,我从2013年开始撰写《零秒思考》。我希望读者能够阅读一下该书,了解详细信息。这种方法是提升工作速度的必要训练,本书会再次介绍一下要点和效果。

➡ 如何缩短会议时间　　　　　　　　2015年2月1日

- 细致地规划好会议的议程,事前通知参会人员,设定相应的目标。
- 至少要在会议的前一天将会议资料分发给大家,这样就能减少会议的说明时间。
- 提倡大家在发言的时候尽量言简意赅、说重点。
- 将需要讨论的内容全部归纳在白板上,避免重复。

"A4纸做笔记"提升沟通能力

假如连续3周,每天坚持10分钟左右的"A4纸做笔记",那么大脑便会异常清晰,工作的速度也会大幅提升。随着自信心不断提高,我们会进入一个全新的良性循环。

做笔记还有一点好处，就是平日里脑中会不断闪现各种创意，我们会不自觉地对这些创意进行系统性的整理和深入挖掘，对自己的这些创意的认同感也会更加强烈。而对于某些不太明白的问题，通过"A4纸做笔记"，可以明确应该查询哪些资料，应该询问谁，应该如何联系到可以提供信息的人，这一过程如同行云流水一般不断推进，于是工作的速度会进一步提升。

即使认真地工作，也有不少人面对决策时会迷惑和犹豫，他们不清楚到底上司希望自己怎样完成工作，心中总是惴惴不安，把自己逼进死胡同。但是通过"A4纸做笔记"，这样的情形也会大幅度减少。之所以不明白上司到底希望自己怎样完成工作，其实大部分情况都不是自己的问题，而是有许多上司"自己也不清楚到底希望部下怎样完成工作"，或者"一条一条地告诉员工该怎么完成工作实在是太麻烦了"，又或者是因为上司"本身是不会思考这些细节问题的"。即使有一个大致的印象，大部分的上司其实也不清楚具体该做些什么工作，不应该做哪些工作，并且上司本身也不会特别去考虑这一点，甚至也不会承认这一点。

当然，肯定也有上司非常清楚到底需要部下完成怎样的工作。但是这样的上司其自身的工作能力一般都很强，很多时候并不太体谅他人的心情。这样的上司甚至难以理解在工作的过程中为什么会出现犹豫不决的情形。就算明白对方没有什么恶意，如果向这样的上司提出一些比较浅显的问题时，员工也会担心被上司认为是"什么都不懂的人",最终也就无法鼓起勇气向上司提问了。

偏偏是这样的上司,总是不认为自己会给人一种不近人情的印象,所以很容易把焦躁的心情表现在脸上,而且就算想要抑制这样的焦躁,他们也会不自觉地给人施加"快点完成工作"的压力。即便如此,如果还是要对上司提问,自己担惊受怕的样子反而会给上司留下不好的印象。有的人担心这一点,甚至连反问的勇气都没有。

但是,如果在几周时间内坚持做笔记的话,那么对于上司希望自己完成的工作,就会比以往任何时候都要把握得准确和清晰。即使有什么不明白的地方,也不会像以前一样担惊受怕,也可以鼓起勇气反问上司,到底自己明白了哪些内容,还有哪些内容不清楚,到底是自己的责任还是因为上司说得不够详细,因为头脑中已经有了相应的答案,所以才能摆脱畏畏缩缩的状态。如果能够清楚地归纳对上司的提问,有时候上司甚至会高兴地赞同:"说得没错!我就是这个意思!"和上司之间的交流变得简洁,上司也更加信任自己,工作也更加顺畅,并且进一步提升工作效率。

从私人的角度来看,做笔记还能使朋友、熟人、恋人、夫妻之间的沟通变得更加顺畅。对于"对方到底需要什么""对于他人的问题该如何回应才最好"以及"现在该说怎样的话,不该说怎样的话"等问题,也能比以往理解得更加透彻。你所有的答案都能做到有的放矢，所以你和他人的关系也能得到改善。而且对于"为什么对方老是不回复我的邮件"，或者是"对方为什么要说这样的话"之类让人烦恼却又束手无策的问题，也不会一直在意了。因为能够看清问题是什么，能够认识能否有所改善，以及如果能够改善又该如何改善，所以在心理上对自己施加的无意义的压力也会得到缓解。对于今后才需要担心的问题，也能够顺其自然地"放到今后去思考"。

因为毫无意义的烦恼减少了，对一切事物都能充满自信，所以心中也会更加轻松，脸上绽放出笑容，形成良性循环，进一步提升工作速度。

通过"A4纸做笔记"消除不安和混乱

只要每天坚持记10页笔记，那么只需要几周时间，不安的情绪就会得到缓解。每次只要脑中浮现出特别在意的问题，都全部记入笔记里。在意的问题是什么，或到底觉得哪一点不对劲，每当有这些想法的时候都记入笔记里。关于适合书写的标题，可以参考如下示例：

◎ 课长（上司）为什么没有让我负责那个新项目？

◎ 课长为什么总是只针对我说许多严厉的话？

◎ 不管向课长说明多少次，他都无法理解，这件事应该如何向高层领导传达？
◎ 如何出色地完成下次会议中的演讲？
◎ 该如何向男朋友（女朋友）道歉？
◎ 男朋友（女朋友）已经3天都没有给我发过短信了，是有什么事让对方生气了吗？

每次发生了比较在意的事情便毫无保留地记入笔记中，渐渐地就能意识到自己究竟对什么事情在意，让自己烦闷不堪的事情是什么，以及为什么对这些事感到厌恶。

平时我们一般不会记录这些让人在意的琐事或感到厌恶的事情。因为我们总觉得记录这些消极的事情本身就不太好，而且一般人都会认为就算写得再多，现实也不会有所改变，所以也不想主动去记录。对于这些不想回忆起来的、让人不快的事情，有的人甚至认为记录本身就是一件讨厌的事情，对于现有的问题，今后也不愿意去多思考。本书反而是提倡大家把所有的问题都记录下来，一吐为快，只要花1分钟书写标题、日期，只要4~6行、每行20~30字，每天坚持记录十几页。这样的过程和口头上的抱怨不同，自己的想法变成了白纸黑字，自己在意的问题以及为何感到不安，都能分析得更加透彻明了，就能明白为什么自己会陷入这样的情绪中。

在不安的情绪中，有不少都是来源于无法把握问题所在、问题的严重程度和问题今后的发展等因素。由于这些未知的因素，内心过度紧张才会引起这样的情绪。通过做笔记，脑中模糊不清的问题会不断减少，可以用一种比较接近平常心的心态去整理问题。一旦对现有的问题做出了整理归纳，有时候还会自然而然地发现解决方案："啊，原来只要这样做问题就能迎刃而解。"或者是问题得到整理后内心能够长久地保持平静："我之前对这个问题感到非常厌恶，也很不安，但我尝试着把所有的问题都记录下来，现在觉得心中稍微舒畅一些了。船到桥头自然直，总会找到解决方法的。"

从结果上来看，心中的不安和烦闷会大幅减少，使自己能够专注于工作本身。当然，工作的速度也会随之提升。

"A4纸做笔记"会让头脑更加明晰

因为突然涌上心头的某种情绪，而感到烦闷不堪，甚至一直耿耿于怀，我自己也常常有这样的体会，一般人碰到这种情况都会无法认真思考问题。

但是通过"A4纸做笔记"，将这些惹人烦闷的问题一条一条清楚地记录下来，那么总觉得无法专注于思考的情形，几乎都能得到很好的改善。哪怕只是烦闷的情绪，如果能写成文字，便能避免将脑中的问题束之高阁，而是当场就能用语言准确地描述出来。到底厌恶什么，对于这些厌恶的事物该如何处理，有哪些事可以现在完成，有哪些事可以推迟一些，究竟应该怎样从根本上解决问题，面对这些想法，都能更加坦诚地加以描述。

一旦熟悉这样的方法之后，以往偶尔想起但马上就忘掉的事情也能一件不落地全部记录下来，也能进一步细致地整理和归纳脑中的问题。即使对自己的思维能力没有什么自信的人，一旦习惯了通过记笔记来整理归纳的方法，就会逐渐开始对自己的想法充满强烈的自信，身心也会更加轻松。整理大脑中的问题并思考的过程，这本身就是对优先顺序进行排序的行为，因此又会形成良性循环。从此以后，就能够自然而然地从最重要和最紧迫的工作着手。

如果一直坚持"A4纸记笔记"的方法，还能获得瞬间判断的能力。

一旦脑中的问题得到整理，在自己的工作中究竟什么最重要，应该首先处理什么要点，有可能发生什么问题，在发生问题的时候该如何应对等等，对于这些问题都能找到明确的答案，这就是判断的基础。

一旦脑中有了判断的基础，不论发生什么事都能冷静应对，对于首先需要调查和确认的资料，都能在第一时间采取行动，甚至在极短的时间内便能收集到所有必要的相关信息。接下来，立刻就能清楚地判断该如何解决。虽然在这个过程中也会不断获取新的信息，但因为对整体流程把握得非常清楚，所以能够毫不犹豫地做出最佳判断。这样一来，判断速度是常人的十倍，乃至几十倍。

一直坚持"A4纸做笔记"的方法，大脑就会越来越明晰，你的言行举止也会越来越符合"聪明人"三个字。

那些无法迅速做出判断的人，一定会大肆批判你这种行为是急进主义，敷衍了事，或者是偷工减料。实际上对于无法迅速做出判断的人，与其说他真的是在仔细思考，倒不如说他在多个选项之间举棋不定、反复犹豫而花费了大量时间。即使犹豫不决，只要不断地深入挖掘，工作质量也会有所提升，但是这种人其实只是分析了表面问题，导致时间白白流逝。从未清晰地整理脑中的问题，这些令人介意的事情就会总是在眼前时隐时现，一直让其感到烦恼。

当然，这里所说的在极短的时间内做出判断，并不是要做出最终判断的意思。只是凡事都应当在极短的时间内做出判断，并依据现有的材料暂时得出一个结论。因为一旦有了一个结论，对于工作的整体流程就能把握得更加清晰，在这个基础上可以进一步探讨并反思。

所谓无法做出判断，是无法知道对事情该考虑到什么程度可以做出结论，无法知道在什么样的情况下可以得出结论，而错过迅速判断的时机，只好不断地推迟和拖沓。

3.2　用于工作中的把握问题和解决问题的能力

提升工作速度这件事，在很大程度上，和如何强化把握问题的能力与解决能力有所重叠。因为越是能够迅速地把握问题所在、看透问题的本质、整理解决方案、采取解决方案，工作的速度就越能得到提升。

迅速把握问题所在，其重点在于：在平常的生活中就不断思考哪些事件可能导致问题发生。平时什么都不思考的话，那么对问题的发现和把握也会变迟钝。我们应当认为问题始终是会发生的，就会时刻做好警惕。这和驾驶汽车其实是相同的，如果不一直集中注意力，很可能就会发生追尾，或者是注意不到前方正在过马路的行人。

当发售新产品的时候，产品可能会发生怎样的故障，顾客和代理店会提出哪些投诉，库存是否充足，竞争企业是否针对这个产品采取了致命性的对抗措施等，对于上述这些问题必须时刻保持高度关注。不论是多么琐碎的工作，这一点都是相同的。如果天真地认为不用太在意、一定会进展顺利，或者是认为以前都进展得很顺利,所以这次也没问题,类似这样的侥幸心理就会让发现问题的能力越加迟钝。

只要把握住问题的要点,看透问题的本质,就能采取根本性的措施迅速解决问题,避免拖延。如果无法看透问题的本质,始终拘泥于问题表象的话,采取的所有措施都会落空,这只会导致事态的不断恶化。一旦事态开始恶化,就会进入一个恶性循环,不管有多少时间,都无法解决问题。

真正能够用于工作中的把握问题和解决问题的能力,是指严格按照自己的职位和责任,根据如何出色完成工作的要领,能够切实履行自己责任的能力。换句话说,就是能够立刻抓住问题所在,不过分拘泥于细节,迅速解决问题的能力。"他的工作能力很强啊",这样的评价指的就是这种能力。"他的工作能力很一般,真是靠不住",这样的评价则表示这种能力尚且不足。

但是,能够耐心并细致教导这些工作原则的上司几乎是不存在的。他们基本上都是教导员工:"你牢牢记住前辈的工作方式,按之前的例子来做就行了。"如果这样的方式在当下是最合适的方式,并且是明显值得推荐的方式的话,那么暂且不论,但是工作环境和行业竞争的状况却是在不断变化的。

如果上司将自己刚进入公司的时候,或者是上司曾经取得成果时所采用的工作方式原封不动地传授给员工,有时候可能会引起严重的问题。而且不少上司本身也没有接受过什么细致的教导,针对管理职位的培训也只是理解个大概,因此许多上司常常会基于经验指导员工。这样一来,不论是好的工作方式还是糟糕的工作方式,都会被原封不动地重复下去,或者是被他人吸收后变得更加糟糕。有时候这样的工作方式甚至会逐渐演变成一种企业文化。

面对这样的工作方式,必须经过自己的思考,从根本上开始改变这种做法,实际上也是可以实现的。因此,我会在接下来的内容中详细说明如何从根本上审视自己的工作方式、大幅度提升工作品质和速度,以及把握问题和解决问题的能力的强化方法。

掌握理清自己的思路、对任何事情都细致思考的能力,才是提高工作速度的关键所在。

3.3 带来超常工作速度的假设性思考

假设性思考

如果一直坚持"A4纸做笔记",那么心中的烦闷便会烟消云散,即使有什么不解的地方也能够迅速地在脑中做出整理归纳,并快速地思考该问题。此时,我们的下一个目标是"假设性思考"。一旦掌握了假设性思考,那么和以往相比,我们的工作速度便可以得到惊人的提升。我希望大家务必通过"A4纸做笔记"来实践这一点。

假设性思考,是指针对某个问题有一个大致的理解,"这件事大概是这么回事吧",或者是指希望建立起自身对于这件事的理解。可能有很多读者对这个词汇不太熟悉,不过都无关紧要。不论是问题本身还是解决对策,从最初就应当设定一些假设,围绕这些假设不断思索,例如:"这一点就是问题的关键吗",或者是"如果这样做会有怎样的效果",等等。

例如,如果开发一款寻找停车场的智能手机应用程序,那么准备停车的人真正关心的是什么?只需要导航至停车场就足够了吗？如果有多个停车场，又该如何判断并导航到目的地呢？假设性思考就像这样，站在驾驶人的角度去不断思考。只有这样做，才能向消费者提供全面的服务。

再比如运营服装网上商店，如果顾客要买衣服，会因为哪些因素而感到困扰，会因为哪些因素而觉得麻烦，是否就真的如同人们所说的购买衣服的时间总是那样快乐，经营者应当站在顾客的角度从根本上反复思考。于是渐渐地可以推测出：其实喜欢时尚的女性并没有那么多的空闲时间，可能有不少女性都觉得买衣服非常麻烦。

再比如通过平板电脑上的顾客信息管理系统经营店铺的餐饮店，餐饮店自身有着哪些不足，至今为止又是如何解决的。如果站在顾客的角度来看，这些措施哪些是让人愉快的，哪些是让人不快的，今后餐饮行业中的竞争主要集中在哪些方面，又该如何竞争等。如上所述，可以思考的问题非常多。

"工作能力强的人"在平时就特别注意观察和思考，在面对许多问题时，会从一开始做出一个假设，在解决的过程中再不断验证自己的想法。就如同火警在接到火灾电话时，会在第一时间赶往现场。为了能尽快赶往现场，消防队总是做好了随时随地出动的准备。有时候，工作能力强的人在接到相关信息之前就能防患于未然，而且不可思议的是他们总是能够顺利推进各项工作。

假设需要经过验证才能接近正确答案

假设如果不经过验证，就没有任何意义。假设的验证，是通过采访和分析故障信息等手段展开的。这里说的采访，其实并不复杂，只要找到那些对相关问题特别了解的人，然后询问他们各种各样的问题。不论是公司的同事、顾客，还是合作企业的人，只要是非常认真地不断提问，那么很多人都会毫无保留地告诉采访者他们的意见。让人高兴的是，人都有喜欢聊天的天性。

需要注意的是，有的人适合作为采访对象，也有一部分人并不适合。对于适合采访的人，只要问了一个问题，他们就会接二连三地主动回答出许多相关的信息。就算中途话题有些偏离主题了，这样的人也能为你提供各种各样的信息。当然对于聊天过程中完全偏离主题，或者是同样一句话要反复说很多遍的人，最好还是尽早结束采访。

而不适合作为采访对象的人基本上都不怎么爱交流，不论问什么问题，都只会回答"是""不是"或者"不知道"。这样的人并没有什么恶意，也没有刻意要隐藏信息，总之就是不怎么开口说话。在这样的人群中，偶尔也会有信息收集能力很强、思维敏锐的人。但思维敏锐的人绝对不会隐藏，只要聊几句便会明白这一点。不太说话的人大部分都比较迟钝，所以还是尽早结束采访吧。

此外，和采访对象是否投缘也是一个重要因素。如果是适合接受采访并且和自己非常投缘的人，那么聊起来肯定非常愉快，甚至聊到最后会大大地超出最初约定好的时间。这样的人也没有什么戒备心，总是热情地提供很多信息。另一方面，如果是不怎么投缘的人，那么往往是话不投机半句多。因为不可能和所有的采访对象都特别投缘，如果觉得和对方不怎么聊得来，那还是赶紧换个人吧。

工作速度特别快的人对于采访对象的判断也是非常迅速的。对于投缘的人会不停地询问许多问题，而对于不怎么投缘的人会在不失礼的范围内尽快结束采访。具体来说，他们一般会花30分钟左右询问对方的个人信息，并提出自己想问的问题，但不会询问过多内容。当然，比30分钟还要简短的采访几乎是不存在的。

故障信息则要通过顾客的投诉、品质管理部门的再次评价和代理店的反馈信息等来判断。只是坐在办公室里是绝对无法获取这么多信息的。虽然这也取决于故障的程度和发生地点，但最好还是去一趟现场，直接听取顾客的意见。自己亲眼所见、自己亲身体验比其他任何方法都要有效。正所谓"塞翁失马，焉知非福"，通过这样的体验或许还能获取新型业务和服务上的灵感。

以采访和故障信息的分析为基础，迅速地修正自己最初的设想。具备假设性思考能力的人，对许多事物都有自己明确的意见:"这件事是这样的"或"那件事该那样做",不存在没有任何意见的情况。他们习惯了这样的思考方式,这种方式甚至已经成为他们自身的一部分,所以能够在很短的时间内迅速地提出自己的假设。假设性思考不需要什么特别的努力,只需要保持和平时一样的思维模式即可。

任何人都在做假设性思考

"假设性思考"虽然看起来复杂,但是在日常生活中,任何人都在进行假设性思考:感觉快要下雨了,出门的时候在身上带把伞;暑假的时候天气晴朗,所以晚上烟花表演的广场一定非常拥挤吧。这就是日常生活中的假设性思考。明明感觉快要下雨了,却不带伞就出门,最后被淋成了落汤鸡。对普通人来说,这样的行为是难以想象的。人们在日常生活中,并没有特别在意,也没有花费太多精力,便在脑中构成了无数的假设性思考。

但是,对于工作中的假设性思考而言,则需要许多的精力,还会面对不少阻力。许多人都暗自认为"根本没有调查,还说什么假设,真是荒唐可笑",或者是"应当在充分调查之后,慎重地思考问题的含义,并整理归纳问题点"。对任何事情都要有自己的判断,但是不少人都对这个观点感到反感。

我认为在这一点上大家有些误解。进行假设性思考的人确实做出了一个假设,但是在听取他人意见的瞬间,如果有必要,便能马上修改自己以往的意见。

假设性思考

从步骤上来看

构筑假设 → 验证 → 修正假设 → 验证 → 结论

从变化过程上来看

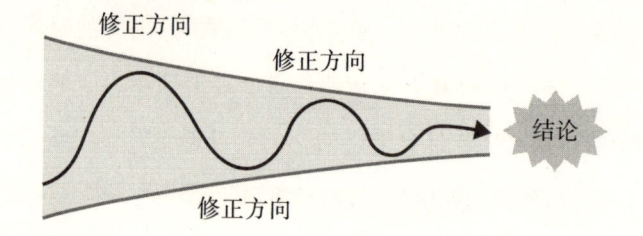

修正方向 → 结论

要点

- "敷衍了事就够了！"这样的想法并不可取，应该随时随地都保持高度的敏锐，对任何事物都要有自己的理解，设定自己的假设，这是一个重要的大前提。
- 一旦开始采访和进行数据分析等验证步骤，脑中便会不断涌现出新的假设，从而修正现有的假设。
- 如果无法跟上这个过程的推进速度和变化，那么大脑只会越加感到困惑。对于这样的人，可以在酒桌上问问他们的想法，或者向他们说明一下问题的背景，有必要时提供相应的帮助。

特别擅长假设性思考的人，在很多事情上都是迅速开始假设的构想、验证、假设的修正、再验证等步骤的。因为他们总是保持高度的敏锐，对任何事情都有自己独到的见解，有问题时便积极地询问他人，所以绝对不会虚度光阴，而且对于修正方向性这一点也没有任何犹豫。对他们来说假设始终是假设，只要获取了新的信息就能够迅速修改假设，所以他们的思维方式也非常灵活，能够进行发散性思维。当然，这样的思考方式绝对不是"马马虎虎就可以了"之类的思考方式，我想这一点也无须再赘述。

熟悉假设性思考的方法

假设之前，首先需要熟悉如何做出假设。不仅仅是熟悉，还需要有某种程度的行业知识。如果没有这些知识，假设常常会出现偏差。为了找出线索，我一般是先找寻一位对该行业特别熟悉的人，然后一口气询问对方许多问题，从而获取大量的知识和信息。仅仅依靠想象力为基础来进行假设性思考的话，会花费大量的时间，而且准确度很低，很不现实。

如果无论如何对假设性思考都有所抵触，其实可以换一个角度来思考："反正也只是个假设，不用太在意""以后还可以反反复复地修改"，或者是"就算结果不太好，暂时就这样吧"。

对于始终无法接受假设性思考的人，我希望他们务必考虑一下"没有假设性思考所带来的弊端"。如果没有假设性思考，那么在得出结论之前会耗费漫长的时间。如果耗费了漫长的时间并且提高了准确度则暂且不论，但实际上往往是耗费了过多的时间，而导致工作半途而废。即使没有半途而废，很多时候也可能渐渐偏离工作的整体流程，解决问题过于缓慢而导致问题变得更加严重。

对于不太擅长假设性思考的人，我希望他们能够下定决心尝试一次。反复尝试几次之后，"凡事不在一开始就彻底调查的话，总觉得坐立不安和烦躁"之类的想法，也应该会渐渐地消失不见。

3.4 零基础思考

和假设性思考同样重要的思考方式就是"零基础思考"。这种思考方式是指，对于"本来应该如何解决"或者是"本来必须如何解决"之类的问题，不要拘泥于先例和现状，而应该从根本上重新思考。这种方式和"A4纸做笔记"的理念也是非常吻合的。

作为前提条件需要了解的信息，是指员工所属的组织内部制定了各种各样的"约定俗成的前提条件"和"制约条件"，这些信息的存在让人难以去思考本来应该如何解决问题。

企业内部的约定俗成的前提条件是指，"在本公司，和顾客的意见相比，更加重视产品策划人的品味""用户并不知道自己的需求到底是什么""总之，只要价格定得低，就会畅销""开发一件新产品，至少也要花两年的时间""关于质量的问题是客服部门在处理，应该由他们处理客户的投诉"等这些任何人都不会说出口，但是却深深地渗透至企业组织的行动原则中的前提条件。

而制约条件是指,"如果考虑到竞争对手的定价,我们的定价不能高于1500日元""企业开支每年至少要增加5%""项目负责人必须由部长级别以上的人员来担任"之类的条件。

而且,我们个人也很容易步入利害关系的圈套。个人的利害关系是指,个人可能因为某件事而获取利益,可能因为某件事而造成损失。这样的思考方式,很容易会在不知不觉间失去客观的判断。有意识地将这些利害关系明确地列出来,抛开这些利害关系再重新思考,思维才能变得更加灵活。

此外,还有许多日本人觉得是理所当然,但在其他国家的人看来绝非理所当然的事情存在。"加班肯定是理所当然的""无薪加班也是无可奈何的事情""带薪年假不可能全部休满""工作不能仅仅只是按照指示来推进,还需要随机应变""如果过多地陈述自己的意见,就会遭到打压"等等,这些都不过是日本人的常识罢了。当然有时候人们也会觉得这些想法有问题,但是面对社会整体的趋势很难鼓起勇气提出反对意见。

因此,要做到零基础思考,和日本人以外的群体进行积极的接触、互相沟通是必不可少的。如果做到这一点就会发现:站在国际性的角度,以往觉得理所当然、从来不曾怀疑过的观点其实是日本独有的。

日本作为一个岛国,从未被其他国家攻占过,在江户时代有200多年闭关锁国的历史,因此外国人的比例非常低。所以我们必须意识到:正是这样的历史原因才导致日本人形成了独特的文化和视角。当然，热情、好客、礼貌、严谨、有耐心、热衷学习和研究等要素都是传统美德，但是在国际化的时代里，我们很有必要掌握零基础思考并积极学习。

所谓零基础思考，并不是指"幼稚的""纯粹过激的"或"无视现状的"思考方式。归根结底，我们必须深刻理解现状并大胆构想，清晰地规划出理想的成果和达成目标的步骤。

除了极少一部分人习惯对任何事情都会彻底思考以外，我希望读者们都能有意识地挑战一下零基础思考。除了视野会豁然开朗以外，还会意识到从另一个角度看以往自己的观点有多么不可思议。最初开始尝试零基础思考的时候，往往还是会有些抵触情绪，因为这必须让自己从一直深信不疑的企业文化构架中跳脱出来。在习惯零基础思考前，我们必须要做思维上的训练。一旦熟悉起来，便能抓住问题的本质，这是非常值得欣慰的。

"这件事就暂时别去想了""这件事也是无可奈何的""这不是我们公司的工作方式""对于新的工作方式最好还是视而不见吧"，只有摆脱了这样的桎梏，思维才能更加灵活。我希望读者今后也能尝试一下零基础思考，但是仅仅依靠自己的尝试，确实也不太容易。积极接近那些熟悉零基础思考、思维灵活的前辈员工和朋友，主动接受思维上的冲击，我想这才是最简单也最容易着手的方法。

高效解决问题的方法就是零基础思考

- 从根本上来思考应该如何解决问题
- 有意识地将组织内部的约定俗成的前提条件、制约条件，以及个人的利害关系考虑进去，深入思考原本应该是怎样的状况
- 时刻牢记"日本人的常识在其他国家可能不是常识"，和日本人以外的人群积极接触沟通
- "幼稚的""纯粹过激的"或"无视现状的"思考方式是不可取的。必须深刻理解现状和大胆构想，清晰地规划出理想的成果和达成目标的步骤

→

- 最初可能会感到不快
- 习惯了之后会很适应
- 只靠自身努力会很困难

3.5 通过"深入挖掘"探求真相

对什么事都要抱有怀疑的态度

"A4纸做笔记",或者是假设性思考和零基础思考,最重要的是深入挖掘听到的内容、考虑的内容、感觉到的内容。在做出了假设之后,在得出结论前反复问自己"为什么"。对于从他人那里获取的信息,从报纸、杂志、网络上阅读到的信息要从根本上抱有怀疑的态度。

这并不是"怀疑某个特定的人",而是要自己理解听到的内容和看到的内容,必要时调查相关内容,在得出结论前都应当反复思考。某个人说了某句话,虽然是一个事实,但其内容本身是真实的还是虚假的?是要传达一件事实还是只是希望表达个人的看法?是在确认事实关系的基础之上再传达给他人的吗?仅仅通过一句话,我们无法判断任何事。

因此,我们只能不断重复思考、构想假设、验证和修正这些步骤。在得出自己的结论之前,反复问自己"为什么"。这个过程可以从根本上来锻炼我们的"分析能力"和"独创性"。

例如，当别人告诉你"某款智能手机应用程序的活跃用户正在不断减少"时，首先要确认"为什么减少了""哪部分用户减少了""从什么时候开始减少的""确实减少了吗""人数计算的方法正确吗"，同时还要再确认"竞争是不是也减少了""是不是有一部分用户也增加了"或者"是不是季节变动导致的"等因素。

如果在确认"是30～40岁的用户减少了"这一因素以后，还应当继续确认"为什么是30～40岁的用户""流失的30～40岁的用户的共通点是什么""20多岁和40多岁的用户中是否也有这样的倾向""从什么时候开始显著减少的""有没有哪个年龄层的用户反而增加了"等因素。

不经过自己的思考便得出结论是非常危险的

对于他人说过的话全部囫囵吞枣，不经过自己的大脑思考的人，做任何事情都非常危险。因为对事物没有什么深入思考，理解也不全面，这时，根本无法判断别人提供的信息是真是假。即使向对方进一步确认：

"这件事是这样的吗？"

"是的，没错。"

"啊？之前不是说是另一种情况吗？"

"嗯，也有可能是另一种情况。"

"那到底是哪种情况啊？"

"我也不太清楚。就算你问我，我也答不上来。"

如上所示，这样的对话根本就是毫无意义的。

对于他人所说的话全部囫囵吞枣的人，会不加怀疑地听取他人说的话，并觉得这样就足够了。当然，认真听取他人的意见本身是一件好事，但如果完全没有"是真的吗"或者"为什么是这样呢"之类的疑问的话，那么对问题还没有深入挖掘便不了了之了。并且，这样的人也完全不会在自己的头脑中再次模拟问题的状况。因此，假如上司只是对某个问题多问了几句，也只能马马虎虎地搪塞："不清楚""我当时没有确认"或"这个很难说"。

坦诚地听取他人的意见，和对他人的意见囫囵吞枣完全是两码事。所谓坦诚地听取意见，是指没有反感，不会反驳对方，会完整地听取对方所说的话。但是只是听取意见，工作是不可能有所进展的，在听取之后还再次确认内容，提出疑问，深入挖掘问题的本质和解决方案，才能算得上是有意义的工作过程。

"深入挖掘"的要点

要做到深入挖掘，其要点在于：始终保持非常谦和的态度，即使感觉对方有些不耐烦，也要单刀直入地持续提问。如果是非常客气的对话氛围，那么工作就无法推进。对方之所以会觉得不耐烦，主要有以下三个原因。

第一，是因为人们都不希望因为自己的多话而卷入不必要的麻烦之中。在接受询问的瞬间，态度就变得比较消极，想要逃避。有时候是其本人和发生故障的原因有关，有时候是想要包庇自己的伙伴。在这种情况下，无论如何都不能仅仅让对话停留在表面。不要担心对方想要逃避的态度，但是也千万不要用责备的语气，应当用相对比较平静的语气深入挖掘事实关系。

第二，是因为对方工作太过忙碌，很多时候都不在办公室里，觉得这种咨询类的对话太麻烦了。因为询问者绝对不会问一些毫无意义的问题，所以应当尽量在短时间内结束对话，但是重要的疑问点绝对不能一带而过，因为重要的事实往往就隐藏在这些疑问点的背后。

第三，是因为有些人在日常生活里就不怎么喜欢深入思考，被反复提问之后，对于回答问题本身感到很厌烦。这种情况下只能请对方更加耐心地配合。但是，这种人对信息的敏感度比较低，不论问怎样的问题，都难以提供一些全新的信息或发现，我常常会尽量提早结束这样的对话。

这里有一点需要特别注意。一般人们都认为在别人说话的时候不插话才是符合礼仪的，但实际上，在他人说话的过程中，多问几句"这是为什么呢"，谈话的氛围往往会变得更加热烈。认真地听取，认真地询问，这种情况下对方都会主动提供许多信息，对问题的理解也能有所加深。

其实只要站在被询问者的立场上就会很容易明白：最适合交谈的情形，就是在自己发言的过程中，对方不断地点头附和，充分理解自己的发言后提出有意义的问题。心情舒畅，聊得也会更加热烈，这也是人之常情。

如果听话的一方没有反应，也没有提出问题，只是安安静静地听自己说话，可能大部分人都会开始担心或许对方并没有听懂，甚至不知道接下来该说些什么好，谈话进行到一半，氛围就变得有些尴尬了。因此，首先要认真听取他人的发言，在这个过程中哪怕只是有一个很小的疑问，我也希望大家能够有礼貌并且坦率地提出来。然后只需要根据自己的理解将对话的整体流程全部组合在一起。这样做，便能在很大程度上避免对他人的意见囫囵吞枣。

提问时，始终保持感谢和敬意

但是，在提问的过程中也有需要注意的要点。虽然是因为不懂才向人提问，但在提问时也要始终保持对他人的感谢和敬意。

但是在提问的过程中，人们常常会有一种高高在上的视角，提问时虽然嘴上不说，但是心里的潜台词却是："给我好好回答！你这人真是笨死了！""你其实什么都不懂吧！"或者是"你先仔细思考之后再回答我吧！"，这种情况是要绝对避免的。

如果这样的心理有一丝半毫传达给了对方，对方马上就会心生厌恶，就算有了解的信息，也不会再提供。在询问的过程中，不要基于对方的价值判断，而必须以一种纯粹的好奇心和诚意，反复提出"切实的"问题。千万不能使谈话变成盘问的氛围。

实际上，我自己也不是很擅长这一点。我的好奇心很强烈，如果觉得对方很出色，就会感到兴奋，于是提出一大堆的问题。我自己其实也明白，这样提一堆问题并不好，但就是禁不住要去追问。从结果上来看，我能够快速地抓住问题的本质、结构和解决方法，这都是穷追不舍的结果。

我希望所有的读者在询问他人的时候，都能面带微笑，用谦和的语气来引导谈话并持续提出疑问。否则，对方就很可能暗自认为："真是个烦人的家伙。"工作能力强的人和工作能力一般的人最大的区别，主要体现在是否能够使用适当的方式，问出最核心的问题。

深入挖掘的流程

最后，我想说明一下"深入挖掘"的流程。

下页图中表示在向地下挖掘的时候，在某个深度会撞上"岩层"。如果不断地询问和分析，在某个深度上，便会茅塞顿开："原来如此，原来是这么一回事""这样一来就彻底理解了"。如果持续询问和分析能够做到这个深度，那么几乎就能把握这个问题的本质了，甚至连问题最初的表象到底意味着什么，也能一清二楚。

不断询问直至建立起自己的理解，就是指的这个过程，在此之前我们都不能有所松懈。这时候，哪怕感觉对方有些不耐烦，只要有任何疑问就应当持续地询问"为什么",这才是关键所在。

如果是对方乐意交谈的话题,对方会因为你的态度和求知欲而感到高兴,进而提供许多信息。但如果是对方不怎么感兴趣的话题,那么必然会觉得有些不耐烦。如果对问题的关注和好奇心不够强烈的话,通过这样的形式深入挖掘下去并不是件容易的事,但我希望所有的读者都能去积极地尝试。

探求真相——深入挖掘的重要性

不断询问直至建立起自己的理解
这几乎就是"分析能力"和"独创性"的所有内容

为什么是这样?
为什么?
为什么?
为什么?
为什么?

不停地深入挖掘

达到某个"岩层"时便停止询问

要点

- 哪怕感觉对方有些不耐烦,只要有任何疑问就应当持续地询问"为什么"
- 看起来简单,其实需要付出很大努力。如果问题意识和好奇心不够强烈的话,便无法持续提问
- 对于思维能力的训练,这是一个很合适的场景

3.6 制作工作框架的训练

工作框架要通过会议和讨论才能发挥威力

所谓框架是指用于整理工作的骨架,一般是通过下一页所示的2×2或者是3×3格子的形式整理。将多个观点与问题按2条轴、4个格子(2×2的情况下)的方式来整理,便能清楚地划分观点和问题。在确认了优先顺序的基础上,能够更加有效地开始工作。在需要讨论某个问题的时候,如果能够迅速地制作出工作框架,便能在极短的时间内解答脑中的疑惑。

工作框架特别能够发挥威力的时候,就是众人在一起讨论工作的时候。在众人一起讨论议题的场合,很容易出现自说自话的情况。虽然大家都是按照自己的标准思考并提出建议,但是在经过一段时间的讨论之后,便会明白自己的标准已经偏离了主题,会产生一种白费力气的感觉。

例如,针对某位顾客提出的投诉,某位员工会首先思考顾客投诉的严重性和采取对策的紧迫性,提出A方案。而另一位员工会首先思考哪种投诉的比例最高并做出归纳,基于对销售额的影响提出B方案。还有一位员工则会考虑尽量减低成本的方法，于是提出C方案。

在很多情况下，大家都是竭尽全力专注于自己所提出的方案，但是为什么要提出这个方案，是按照什么标准选择了这个方案，还考虑了哪些备选项，对于这些因素却往往不会去仔细地说明。如果判断标准不同，那么选择的方案也会有随之改变，但是因为人们对标准本身都未曾彻底地思考过，在花费了大量的时间讨论后，才突然意识到其实大家的判断标准根本就不同。这种情况不仅仅是耽误时间，还会让人在瞬间失去动力，感到疲劳，对工作的推进速度也会产生严重的影响。

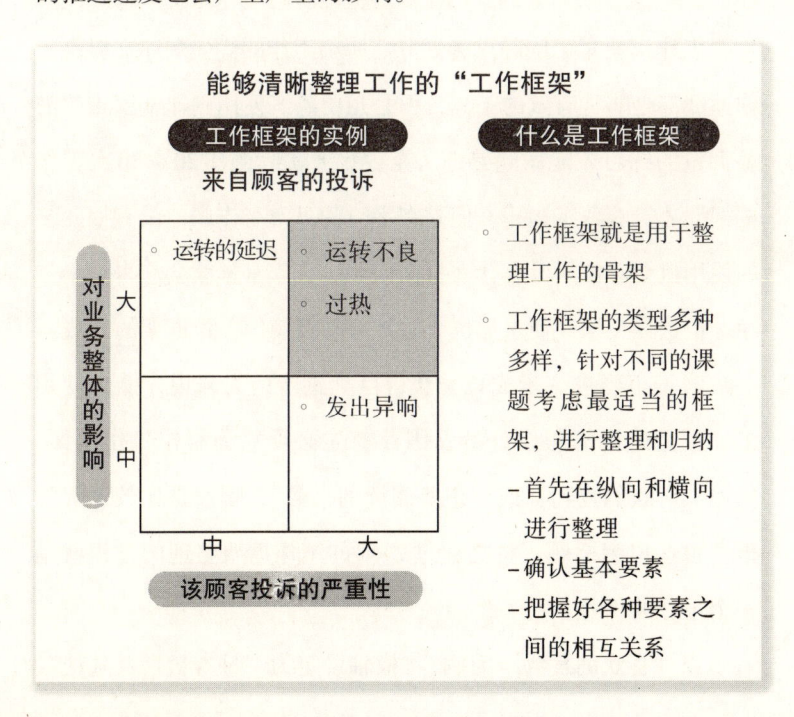

能够清晰整理工作的"工作框架"

工作框架的实例
来自顾客的投诉

对业务整体的影响			
大	运转的延迟	运转不良 过热	
中		发出异响	
	中	大	

该顾客投诉的严重性

什么是工作框架

- 工作框架就是用于整理工作的骨架
- 工作框架的类型多种多样，针对不同的课题考虑最适当的框架，进行整理和归纳
  - 首先在纵向和横向进行整理
  - 确认基本要素
  - 把握好各种要素之间的相互关系

针对这种情况，如果能够熟练灵活地使用工作框架，很多时候都能更加顺畅地推进讨论的进程。

　　当探讨顾客提出的投诉时，针对有哪些投诉这一问题，首先应当明确如果将投诉分成4种类型，是否能够按两条轴线整理，然后再取得一致意见。例如，当大家同意将"该顾客投诉的严重性"和"对业务整体的影响"作为两条重要的轴线时，在确认右上、左上、右下、左下的格子中应该填入什么内容后再填写，然后大家才能用相同的视点来审视同一个问题。

工作框架的制作需要多加练习

　　工作框架对于问题点的划分、明确工作的优先顺序、提高工作速度都是非常有效的工具，但是想要熟练使用则非常困难，需要大量的练习才能做到熟练。至少也要实际制作20～30次工作框架，才能够熟练运用。但是在平时的日常工作中，没有如此多的使用机会。如果没有什么机会使用，大家常常就会忘得一干二净。但这样一来，便永远也无法好好掌握制作工作框架的方法。

　　对于想要进一步成长、获得巨大进步的人来说，能够使用工作框架绝对有很多好处，因此首先必须熟练制作工作框架。例如"喜欢的食物"或"想要阅读的书籍"，哪怕是比较琐碎的事情也能成为标题，将之通过2×2的工作框架整理的过程就是一个很好的练习。

　　以"喜欢的食物"为例，将横轴设定为"日本料理及其他"，纵轴设定为"主食及其他"来划分，或者是将纵轴设定为"面类及其他"，横轴设定为"烹饪方法"来划分，以"想要阅读的书籍"为例，将纵轴设定为"爱好类书籍、学习类书籍"，横轴设定为"购买的书籍、借阅的书籍"来划分，或者是将纵轴设定为"关于日本的书籍、关于日本以外国家的书籍"，横轴设定为"书籍、杂志"来划分都是可行的。

因为横轴和纵轴的划分方法并非只有一种，而是有很多种，首先需要多写几个备选项出来，然后从中选择出最符合该标题的选项，这才是关键所在。在尝试着列出多种划分方式的过程中，到底哪种划分方式最合适，哪种划分方式比较难以整理归纳，哪种划分方式能够成为该标题最有效的突破口，都能逐步把握。

工作框架的有效范围，并非局限于来自外部的问题。例如"想要交往的女朋友的类型""想要交往的男朋友的类型""结婚前应该做好哪些准备"，如果对这些个人爱好相关的标题也进行整理的话，那么对自我的认识也会进一步加深。不仅仅能够再次深入地认识自我，还能明确接下来该采取怎样的对策。

如下图所示，将A4纸横着摆放，上下各画3个2×2的工作框架，共计6个，然后复印50页左右。只要每天1页，练习编写6个工作框架，那么几周后就会发现头脑已经变得异常明晰。只需要考虑标题，头脑中便会自然浮现出各种各样的二轴划分方式。

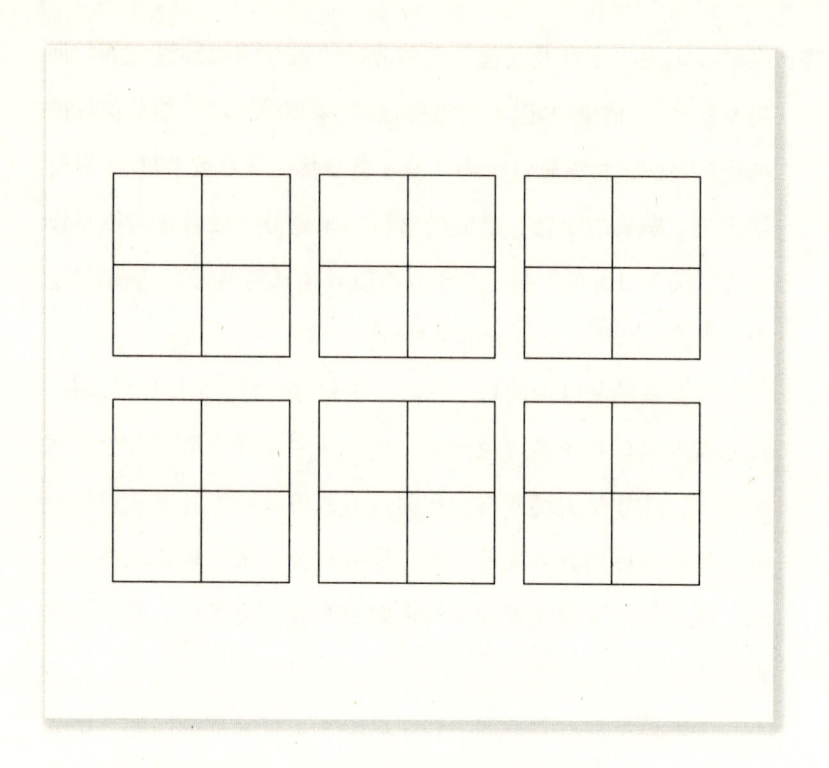

将每天练习制作的工作框架的成果都写上日期，然后好好保存，这就是一种自我成长的过程，同时也会激励自己。哪种标题的内容更易制作，选择哪种划分方法更容易整理议题，哪种类型的议题能够迅速书写，哪种类型的议题自己比较不擅长，自己是如何一步一步成长起来，这些问题都能一目了然。在熟悉制作工作框架之后，即使是对于会议中容易发生争议的问题，也能出色地整理归纳。A员工和B员工提案的共同点是什么、不同点是什么，对于这些问题都能潇洒地站起身，迅速整理在白板上。

"请问你是如何掌握这样的技巧的？"或许会有不少同事问你这样的问题，这时候只要把长期积累的工作框架训练成果的一部分展示给大家看，对团队成员将产生巨大的良性刺激。从这个角度来说，确实有必要好好保存训练成果。

第4章

最大限度提升工作速度和效率的技巧

- 最有效率的收集信息的方法
- 短时间内制作文件和资料
- 如何高效举行会议
- 掌握了写邮件的技巧,就掌握了时间
- 清除沟通上的障碍

4.1 最有效率的收集信息的方法

① 每天早晚，各花30分钟收集信息

若要提升工作速度，那么从根本上强化收集信息的能力是必不可少的。如果具有优秀的收集信息的能力，那么随时都能准确地判断工作的现状并持续性地选择最佳对策。如果不重视收集信息，在错误的方向上一直埋头前进，当发现问题的时候，就很有可能完全跟不上客户需求和行业的动向。

虽然不少人认为收集信息很重要，但是能够有效实践，并将其灵活地运用于工作中的人其实并不多。因为工作的关系，我在和许多人接触后才有了这样的感想。我觉得有意识而无行动是非常可惜的，接下来我将详细地说明我自己所采用的方法，如果对读者能够有所帮助，我将倍感欣慰。

人们在日常工作中需要接待来访的顾客、参加会议、制作必需的资料，常常没有空闲的时间。越是工作能力强的人越是忙碌，人们根本没有时间在网上仔细地收集信息，即使恰好有些空闲时间，估计也没有什么心思专注于收集信息。即便如此，对于以提

升工作速度为目标、希望从根本上提高收集信息能力的人，我推荐每天早上和晚上，在家里各花30分钟上网阅读新闻报道。

为什么要在自己家里阅读新闻报道？

在自己家里的时候没有什么外界干扰。在办公室里上司会突然要你"过来一下"，下属会突然询问"不好意思，这个部分不太明白"，还有其他部门的同事可能会突然打来电话。在家中耳旁几乎没有任何噪声，所以才能专心致志地阅读新闻报道。比起在公司收集信息，这样做可以使效率提高好几倍。如果家里有幼儿，那么几乎在幼儿入睡之后和醒来之前才有时间阅读，但是在这种情况下其实可以选择在上班前去咖啡店阅读新闻。

虽然有一部分人不怎么喜欢在家里工作，但是在家里的时候会更加自由，而且工作效率也会有所提高。我认为，如果真是希望提升工作速度和自我能力的人，最好还是为自己创造一个舒适的工作环境；否则，直到手中的工作全部结束都得一直待在办公室里，或者为了赶在截止日期前完成工作，连周末也不得不到办公室里加班。

如果在工作结束前都得一直待在办公室的话，那么和朋友见面的时间就会受到限制，也难以挤出时间去参加各类学习会和研讨会。当然，和恋人、家人约定的事情也常常难以兑现。因为日本人过度重视公司和工作，为了改善这一点，我认为最好还要保证工作方式的自由。

有的人可能会说在公司工作才真正是以公司为中心的人，但如果工作速度比起以往提升好几倍，并且工作环境也更加舒适，还可以利用空余时间让自己的私生活更加丰富，那么我们也不能彻底否定在家工作。

总而言之关于这种方法，我只能说："如果不尝试一次是不会知道效果的，所以还是推荐大家尝试一次。"完全不尝试，或者选择一些半途而废的方法尝试的话，常常可能导致失败，那就太可惜了。每天都会发生重大的新闻，例如，苹果和谷歌所经营的应用程序商店的服务条款突然发生了变更，以往不断攀升的应用程序的销量突然跌落，等等；或者是大型企业突然宣布要投身自己公司的竞争行业中之类。

此外，除了这样的新闻，每天都有成千上万的新闻发布到网络上，其中有不少都对工作有良好的参考作用。通过阅读这些新闻报道，可以重新审视自己的工作方式和公司的经营方针，并且头脑中会常常闪现出新的想法。只要每天坚持收集信息，就如同在晚上入睡前刷牙一样，收集信息也能变成一种习惯。

为什么要限定为30分钟？

如果不限定时间，那么感兴趣的新闻和有参考价值的新闻会吸引人一直阅读下去。收集信息，归根结底是为了实现自我的成长、确认工作的方向性、提升工作产出的质量，收集本身并不是目的。以前大家都是通过购买书籍或借阅书籍来获取信息的，但是现在，信息却像洪水一般涌来，对工作有所帮助的信息也多如牛毛。因此在每天早上和晚上，将时间限定为30分钟，认真地从重要的新闻中获取信息，才是最理想的方法。在有限的时间内收集信息，能够避免淹没在信息的洪水之中，还能够掌握安排好优先顺序的方法。这样一来，工作的速度便能不断提升。

每天早上和晚上各花30分钟，加起来1小时，这其实是相当庞大的投资时间。如果用同样的时间来学习英语的话，英语水平会有极大提高。对于加深自己的思考并归纳、提高文件的完成度、扩充人脉、写博客、或者是其他任何工作，如果能够花费如此之多的时间，那么都会有很大的进步。考虑到这一点，不论阅读多少有益的新闻报道，每天早上和晚上的30分钟都是非常珍贵的，没有必要花更长的时间。

但是另一方面，如果花费的时间少于1小时的话，就有可能跟不上社会的动向与潮流，显得有些被动。一旦开始被动，就很有可能陷入恶性循环。每日早晚刚好花费30分钟收集信息就足够了。如果挤不出这么多时间，那么至少也要各花费20分钟才行。

从我个人来讲，虽然每次都是以30分钟为目标，但是往往都会超出一些时间，所以常常感到后悔。因为收集信息终究是一种手段，它本身并不是目的，在手段上花费过多的时间是得不偿失的。每天早上的30分钟，可用来阅读谷歌新闻、杂志、Timeline等媒体的所有新闻报道。每天晚上的30分钟，在网络上认真地搜索并阅读当天发生的令人惊讶的事情或者很在意的事情,以及在会议上初次听到的陌生词汇。这对于梳理思维非常有帮助。在不断探寻问题答案的过程中,会切实体会到自身的成长。

将重要的新闻报道打印出来

在每天早上和晚上各花30分钟收集信息的过程中,对于特别重要的新闻报道,我推荐大家不要只是添加书签或者保存到印象笔记中,最好能够打印出来。如果将这些内容打印出来,再添加一些笔记,并按照主题分类的话,比起完全通过电脑归档更能够在脑中留下深刻的印象。在制作文件的时候,将收集到的信息打印出来摊开在桌上阅读,比起在网页书签、印象笔记和文件夹里检索要更加清晰。

此外,我自己还准备了可佩戴装置、电子信息健康数据、IoT[②](物联网)、大数据库等文件夹,将重要的信息保存在其中。在写博客或制作演讲用的资料时,首先阅读一下这些文件夹里的所有内容,将特别重要的关键点写在资料的右上方,在正文中用红色的笔把重点圈起来,在脑中整理思路,然后一鼓作气地开始工作。

信息收集十分重要,从打印的角度来看,在外出时也应当避免通过智能手机收集信息,所以我建议大家尽量在每天早上

---

② Internet of Things 的缩写。是将各种信息传感设备,如射频识别装置、红外感应器、全球定位系统、激光扫描器等与互联网结合起来而形成的一个巨大网络。——编者注

和晚上各花30分钟，在自己家里收集信息。因为即便在智能手机上发现有用的新闻报道，也无法马上打印出来。

另外关于打印，最好是在家里购置一台黑白激光打印机。一般这类的打印机都只要8000日元左右，非常便宜。激光打印机最大的优点，就是打印速度非常快，并且保修费用也非常便宜。

我从2000年开始，使用了几代Brother公司的激光打印机，几乎不会发生卡纸等问题，非常好用。当然，如果其他厂商的打印机性能出色的话，也是可以考虑的。

②利用通勤时间学习英语或读书

如果每天早上和晚上在自己家里各花30分钟的时间收集信息的话，那么大家就会开始思考上班途中的时间又该如何利用呢？也许我们可以利用上班途中的时间阅读一些新闻，但我认为与之相比，学习英语或阅读电子书籍是更好的选择。在拥挤的地铁中学习，其效率要高出很多倍。

在阅读新闻报道后记录下自己的评论，然后和自己的团队成员相互分享，不断阅读相关的新闻报道然后将其反映于正在制作的文件中，这样的过程在拥挤的地铁中实在是难以完成，而且使用智能手机根本无法快速打字。

虽然英语能力的提高也取决于自己的发展目标，但是对于大多数人来说它都是不可或缺的。归根结底，如果不会英语的话，能够就职的工作种类和公司也非常受限制，人际关系也无法扩展到日本人以外的群体中,而且在海外参加会议的时候也无法和其他国家的人自由地交流。通过Facebook和领英可以和世界上数亿的人们一起交流,但是因为不会英语,所以也无法充分利用这类社交软件。即使有机会和海外的企业开展业务上的合作,也只能眼睁睁看着翻译和别人交流而已。

因为冬季奥运会和Cool Japan③活动的动向,对日本感兴趣的外国游客越来越多。例如印度尼西亚和孟加拉国等东南亚国家,沙特阿拉伯、土耳其、阿塞拜疆等中东的国家,这些国家中的业务机会正在呈爆发性增长,类似这样的国家非常多。如果无法灵活地利用这样的机会,那么提高工作速度也不过是一句空谈。

如果想要提高英语能力,那么每天做30~60分钟的听力练习是非常有必要的,所以上班途中的时间最为适合。对于想要提高工作中英语的能力以实现自我成长的人来说,这一点是非常重要的,我会在113页另行说明。

此外,我认为和英语能力同样重要的还有阅读书籍。日本作为一个发达国家,在某种程度上能够活跃于国际,其原因就在于读书在民众中的普及。但是由于互联网的普及,人们从早到晚都在用智能手机来沟通、交流,现代人的书籍阅读量已经大幅度减少了。我自己曾经也会每个月阅读10~15册书,但是现在也减少了很多。

---

③ 日本政府今年正式启动的文化产业战略,其主旨是向海外介绍日本时装、设计、漫画、电影等文化商品。——编者注

但是即便如此，从中学和高中以来，我总共阅读了几千册书籍。这是因为我原本就是一个喜欢阅读的人，而且在麦肯锡工作的14年间，我需要通过阅读大量的书籍来理解和掌握行业的知识以及世界的动向。但即使不是从事这样的工作，也有不少人阅读了几千册以上的书籍。

但是如果问一下现在20多岁的年轻人，读过100多册书籍就算是比较多了，甚至有的人连教科书以外的书籍都没有读过。如果不通过阅读书籍来模仿、学习他人的经验，那么就无法理解各种各样的价值观，缺乏对他人的悲伤、喜悦、痛苦的共鸣。这也是在提升工作速度之前需要解决的问题。

至少我想各位读者朋友能够利用上班途中的时间，阅读一些电子书籍。当然如果地铁内不是特别拥挤的情况下，还可以阅读一下文库本[④]书籍。如果有位置可以坐下来的话，甚至可以通过个人电脑来收集信息或者是制作文件。在这一点上，我希望大家能够更加随机应变。

③笔记本电脑和大屏幕电脑的使用方法

在办公室、外出办公地点和自己家里的时候，尽量使用同一台笔记本电脑

这样做不仅仅有利于收集信息，在制作资料和通过邮件

[④] 在日本以一定的装订形式持续刊行的小型廉价丛书，多为A6型开本。——编者注

沟通上也是非常重要的。要想提高工作的速度，在办公室、外出办公地点和自己家中如果能够使用同一台电脑的话，就会取得惊人的效果。如果换了一台电脑的话，键盘的配置和操作方法就有所不同，不看着键盘输入的话就无法顺利打字，所以盲打的熟练度也无法提升。

或许有的人对于键盘的差异或者是桌面上图标的配置都不怎么在意，但是我却非常重视这一点，因为这样的差异会导致输入速度产生很大的变化。比如说不仅仅是从a到z、空格键旁边的非转换键、左上方的F2键（Windows系统下）等，就算是隔得比较远的键盘我也能够盲打。并且通过登记个人单词，能够进一步实现输入速度的大幅度提升，这一点是至关重要的（请参考157页）。如果不使用同一台电脑的话，就达不到这样的效果，这是非常致命的。

从我进入麦肯锡公司工作以来，很幸运的是，我能够在办公室、外出办公的地点和自己家中都使用同一台电脑（但是笔记本电脑本身却换了许多次）。在顾客的公司工作或者去海外出差都是家常便饭，所以我也想不出来除此以外的方法。

有的公司禁止将电脑带出公司，或者必须先获得许可才可以带出去，但如果是通过最新技术的话，即使将电脑带出公司，也不会造成任何信息的泄露，能够在不牺牲生产效率的前提之下，继续推进工作。

如果无论如何也无法实现这一点，那至少在外面办公时使用的电脑应该带回家中继续使用。如果办公室、外出办公地点和自己家中所使用的电脑不是同一台，那么就会给工作带来巨大的压力，导致无法提高生产效率，这是非常糟糕的。

在自己家中使用大屏幕电脑

但是比起在任何情况下都只使用一台笔记本电脑，如果希望进一步地提升工作速度，我推荐大家在自己家中使用大屏幕电脑办公。工作中屏幕的转换和移动都会大幅度地减少，因为页面整体能够一目了然，这样就能大幅提升工作效率。

我最常用的电脑屏幕是20英寸的屏幕，价格在10000日元左右，即使是24英寸，最低价格也只要15000日元左右。我使用许多年之后也没有产生任何故障，性价比很高，屏幕大小也不会让人感到疲倦，而且非常便宜；对这样的产品我感到非常满意。

有的公司在办公室内也不提供大屏幕的电脑，如果是这样的话，我一定会反复沟通，要求公司为我配置。如果不行的话，我也会自行购买，然后带入办公室里。有的公司办公地点比较随意，我会反复和社长、上司以及总监沟通，让他们在大家的办公桌上配置大屏幕电脑。如果能够如此执着，我想也是非常有意义的。

大屏幕电脑最大的优点，就是能够对页面整体一目了然，所以能够同时参考不同的新闻报道思考；也便于阅读博客中以往的日志，不需要像笔记本电脑一样，因为屏幕尺寸的限制，而不得不从一个画面移动到另一个画面确认。

要是用大屏幕电脑办公，一般是在整理得井然有序、比较宽敞的办公桌上使用，这样的办公环境确实有助于提升办公速度。就如同在整理得井然有序、比较宽敞的厨房里做菜一样，人们能够避免焦躁，迅速地完成工作。不论是收集信息，还是将自己看到的新闻报道通过邮件分享给朋友或团队成员，以及制作与之相关的邮件和资料后发送给大家，比起在窄小的屏幕上操作，大屏幕能够更加有效地避免疲劳，提高工作速度。

在自己家中减少使用智能手机和平板电脑

自从开始使用智能手机和平板电脑，偶尔有人即便是在自己家中也很少使用个人电脑了，而且几乎都不会开机，但是基于上述理由，我其实并不是特别推荐这样做。在自己的卧室里面非常放松地使用智能手机或者是平板电脑收集信息，偶尔这么做是不错，但在日常生活中过度依赖这些设备的话就会对身心产生机能障碍。在看电视的时候稍微查询一下信息，这种程度是合理的。但至少每天早上和每天晚上的30分钟都必须坐在自己的办公桌前，通过自己的笔记本电脑和大屏幕电脑快速地收集信息，其广度和深度都是小型智能设备无法企及的。

我想或许有的读者家里比较狭窄，甚至放不下一台办公桌，或者是优先保证孩子学习空间而放弃了自己的办公桌。但是不论是多么狭小的空间，也应该在室内放置一台小桌子，将这个空间当作自己的办公房间来使用。如果是我的话，除了吃饭时间以外，我都会在饭桌上放置大屏幕电脑来工作。这一点是无论如何都不能妥协的。因为使用智能手机和平板电脑的话，根本就无法工作。

当然，要做到这一点需要得到家人同意和协助。虽然这也取决于自己的年龄和收入，但如果希望实现自我的成长，在经济比较宽裕的时候，我认为有必要安排一间单独的工作房间或书房。

④数字信息管理工具、谷歌快讯、邮件杂志

要想充分地收集信息，不仅仅需要搜索不明白的单词，最好使用数字信息管理工具来系统地收集信息。这样一来搜索会更加迅速，而且不会遗漏任何重要的信息。

通过数字信息管理工具能够把握自己的不足

现在精度比较高的数字信息管理工具也越来越多。这些工具可以将自己感兴趣的新闻报道在每天早上通过邮件杂志的形式发送到自己的邮箱，真是非常方便。对于发送过来的新闻报道，可以从中选择自己特别感兴趣和关心的内容来阅读，这非常实用。现在有各种各样的工具可供选择，但是总体来说都没有特别大的差异，只需要选择面向个人电脑、并且是自己特别

偏好的数字信息管理工具即可。

　　问题在于数字信息管理工具的功能比较单一，或者是比较简单。如果能够自动选择自己感兴趣的新闻报道虽然很好，但是对于所谓的"意外发现"，即虽然自己不太关心但是却能够偶然发现的信息，就会比较难以收集。如果全部都是自己感兴趣的新闻报道，那么自己所关注的范围也无法扩展。因此除了数字信息管理工具以外，最好还能同时采用其他的方法。

将谷歌快讯设定为中文和英文两种语言

　　谷歌快讯是通过登记自己感兴趣的词汇、相关的公司和服务名称、竞争企业及其服务名称，在每天早上自动获取包含这些词汇的新闻报道。录入关键词非常简单，而且每天早上一定会发送来相关信息，我经常使用。当开始新的项目、工作上有调动，或者是对新的领域开始有所关心的时候，就应该马上录入相关词汇。一开始只需要录入自己感兴趣的20～30个词汇就可以了。

　　在录入词汇的时候还可以设定自己的偏好。因为默认的设定中只会显示"排在前列的结果"，所以我个人建议，将其变更为显示"所有的结果"。这样一来接收到的新闻报道数量就会成倍增长。

　　需要注意的是，如果需要了解海外信息的动向，就应该把谷歌快讯设定为中文和英文两种语言。例如，如果需要了解"可穿戴设备"这个词汇的时候,就应该同时登记"可穿戴设备"和"Wearable"。如果只登记"可穿戴设备"的话,就只会收到与该中文词汇相关的报道;如果登记"Wearable"的话,还可以收到与该词汇相关的英文报道。

或许不少读者都认为,中文的信息已经非常多,所以根本没有必要阅读英文报道,其实并非如此。中文的报道有许多内容都是重复的。比如说关于谷歌的无人驾驶汽车,虽然能够找到大量的中文报道,但是有些内容几乎一模一样,或者有少数是引用自英文报道。即使检索结果的命中率较高,也几乎都是一些重复的内容。如果真的希望认真地收集信息,那么就应该在谷歌快讯中登记"Autonomous Car""Google Robot Car"等词汇,通过阅读自动发送的大量英文报道,来加深自己的理解。

只有通过这样的方式,才能够收集到工作中所需要的有效信息。如果仅仅是关注中文的报道,那么就会有局限性,在信息战的起点上就已经失败了。谷歌快讯能够准确地搜索并发送英文的时事新闻,非常实用。

我希望读者都能够随时追踪苹果和谷歌这样的大型企业平台的方针变更,以及全新的信息、相关企业和竞争企业的信息等,在准确把握行业整体状态的基础之上,再做出决策。

注册10个左右的邮件杂志

邮件杂志也非常有用,对于收集信息是必不可少的。一旦开始收集信息，就会开始查阅登载了许多自己关心的领域报道的博客和新闻网站。这样的博客和新闻网站中，往往都提供了申请发送邮件杂志的个人信息栏。一般只需要输入邮件地址，花几秒钟就可以完成申请。对于以提供信息作为核心事业的公司来说，有可能还需要提供自己的姓名和感兴趣的关键词范围等信息，虽然比较麻烦，但是只需要输入一次就可以了。

如果内容太多的话全部阅读会很花时间，所以我认为只需要注册10个左右的邮件杂志就足够了。如果之前没有阅读过邮件杂志的话，从自己比较关心的领域的新闻报道开始阅读，感兴趣的关键词就会越来越多。

一旦注册成功，那么每天早上和每周都能收到自动从服务器发来的邮件杂志，然后可以阅读自己感兴趣的报道。这样一来，便能没有遗漏、没有延迟地获得最新信息，这对工作非常有帮助。对于"每周报道前10名"这样的栏目，可以从中发现自己漏读的比较重要的内容。此外，许多邮件杂志中都登载了相关领域的最新报道标题和网页链接，所以还可以利用这个机会每次阅读3~5篇报道。

以上说明的所有内容都是针对免费的邮件杂志，当然也有收费的邮件杂志。我选择了内容特别丰富，在免费的邮件杂志和互联网上无法搜索到，并和自己的工作直接相关的两种收费邮件杂志，申请订阅。我并不是推荐所有人都订购邮件杂志，但它确实是一个重要的信息来源。

⑤灵活运用Facebook和推特的时间线

不要将Facebook理解为朋友之间的社交网络

Facebook在日本国内有几千万的用户，作为一个社交平台备受关注。虽然人们对它的评价褒贬不一，但从收集信息的角度来说，如果不使用Facebook就会相当不利。

这样的倾向暂时还不会停止，所以对于正在犹豫是否要使用Facebook的读者，我建议大家尽快注册一个账号，并加以灵活运用。由于十几岁的用户减少以及LINE软件用户迅速增长，偶尔也可以看到一些Facebook的负面新闻，但是作为收集信息的手段来说它依然非常有用，不能充分利用的话也是一种遗憾（当然Facebook原本作为一种交流手段的作用也是不可忽视的）。甚至可以这么说，如果不会使用Facebook就可能会被对方无视，有时候对方甚至会认为这个人竟然连Facebook都不会使用，而逐渐疏远之。

至于说如何将Facebook应用于收集信息，其实许多人都会在Facebook上传有用信息，通过Facebook可以迅速地了解现在大家正在关注的话题，这也就是所谓的人力数字信息管理工具。能够灵活运用Facebook的人，他们的信息敏锐度都比较高，因为某种意义上Facebook上的朋友和自己都比较接近，所以Facebook上的朋友就好像是自己的眼睛或耳朵，帮助自己收集大量信息。他们所发现、上传和分享的信息一定会对自己有所帮助。

我们需要注意的是，我们自己也应该积极主动地在Facebook上传信息、分享，这样才能够提高自己在平台上的存在感，信息也会更加集中地涌向自己。

还有一个重点，最好不要将Facebook理解为和朋友之间的社交网络。虽然Facebook原本的出发点就是这样，但是至少在日本，人们更倾向于将其使用于商务社交。这是一种由商务上的伙伴以及较为亲密的朋友所构成的一种比较随意的网络社区。在Mixi⑤的用户逐渐减少，而领英还没有特别针对日语用户推出服务的当下，Facebook就形成了这样的定位。

最近参加研讨会和学习会，在会议结束后就和我迅速交换名片的人，或者是在联谊会上稍微比较熟络的人，也会在Facebook上向我发来添加朋友的申请。虽然我认为刚才只不过聊了一两句话，还并不是特别亲密，但是有可能对方觉得我比较亲切，而且Facebook就是一种构筑起商务上的比较随意的社交平台，所以对于这一点，我也不会感到特别惊奇。

当然比起男性，女性相对会更加注意Facebook的使用方式。最好是先确认一下对方的身份。虽然说Facebook采用实名制，但也不应该随意信赖对方。

此外，比起邮件，现在有不少人都是通过Facebook的内部

---

⑤ 日本的SNS网站，主要提供日记、群组、站内消息、评论、相册等服务。——编者注

邮箱来完成交流和沟通。虽然最近LINE这款聊天软件发展得非常迅速，但是从商务角度来看，Facebook仍然是主流。一般人们都是通过Facebook保持联系，然后比较琐碎的日常对话和沟通则使用LINE软件，这也是一种倾向。

对于Facebook的使用方法还需要一些补充，假如通过上述这样的方式使用Facebook，那么Facebook的朋友人数最好是要达到100名，如果可能的话最好是达到数百名。能够上传有用信息的Facebook朋友如果没有达到一定程度的话，那么作为数字信息管理工具，就没有什么意义了。这种情况下的有用信息不单单是他们自己所上传的信息，还包括他们所分享的Facebook上其他朋友的信息。所以说假如每个人的Facebook朋友达到200人，那么总人数就是200人的平方，也就是多达4万人，我们便能够源源不断地阅读众人所提供的信息（当然从Facebook的运营方针来说，不会显示所有陌生人的信息）。

如果能够积极地参加学习会、交流会和研讨会等活动，那么Facebook上面的朋友自然就会增加，每年会增加100~200人。所以Facebook作为一种数字信息管理工具，确实可以达到实用的程度。

那么应该什么时候查看自己的Facebook呢？因为它的主要功能是一种社交沟通软件，所以最好是每天查看几次，通过其私信功能迅速地沟通，但如果随时随地都在查看他人发布的动态，那就会对工作产生不良影响。从收集信息的角度来看，每天早上和每天晚上各花30分钟迅速地浏览一下他人的时间线，从中搜寻有用的信息，我觉得这样的程度就比较合理。如果不这样做的话，对于任何信息都花费许多时间去浏览，那就是本末倒置了。

通过搜索推特用户的个人简介来收集信息

现在推特和Facebook都同样地被人们广泛使用，作为社交沟通平台受到了人们的认可。在10～30岁的用户之中，有不少人都是用推特来完全代替邮件。而且他们并不是特别介意其他人会看到比较隐私的信息（不过最近推特被LINE软件抢去了不少用户）。

推特作为一种数字信息管理工具也是非常有效的。自己所关注的对象发送的推特以及动态都有许多有用的信息。有不少人针对自己关心的领域发送了许多推特，或者将自己感兴趣的关键词写进个人简介中，如果能够搜索这些关键词，就相当于是获得了自己特有的数字信息管理工具。

除此以外，如果要将推特作为数字信息管理工具使用的话，至少也需要关注100个账号。和利用Facebook相同，自己也应该积极主动地上传有效的信息，通过转发来提高自己的存在感，那么收集到有用信息的可能性会进一步提高。

从收集信息的角度来看，最好只是在每天早上和每天晚上各花30分钟的时间迅速地浏览朋友发布的动态，便可以充分地收集到有用的信息。但是如果养成了每天反复浏览推特动态的习惯，就会对工作的进度产生影响。

⑥阅读新闻的时候应当半信半疑，有必要时应当查证

在阅读新闻的时候，应当时常保持一种怀疑的态度。有时候新闻的内容会有一些无意的错误，例如可能会使用一些不正确的表达方式，这是写新闻的人不够仔细或者是理解能力不足造成的。

但是不仅仅如此，有的时候写新闻的人会怀有恶意、有意地去歪曲事实，这种情况也很常见。特别是对SEO（搜索引擎的优化）、股票和投资、环境和能源、中国和韩国的关系等信息要特别注意，因为大部分的报道都会采用某种形式来歪曲事实，有意地将大众的思维诱导至对自己有利的方向。

将事情诱导至对自己有益的方向，任何人都会有一些这样的想法。但是对我而言，采用任何人都觉得不自然或者是很肤浅的形式来诱导他人，甚至觉得能够成功诱导他人——这样的想法我是无法理解的。虽然无法理解，但是恶意歪曲信息或者对他人造成单方面中伤的人并不在少数，在收集信息的时候需要格外地注意，对任何信息都应该采用怀疑的态度去审视。

不仅仅是网络上的信息，日本人对于报纸杂志等印刷品的信息，都有囫囵吞枣的倾向，这也是非常危险的。像日本人一样信赖报纸等媒体的国民，在世界范围内都是比较少见的。但是只要比较一下日本国内4～5家的报纸，就会发现每一面的报

道、标题的大小以及新闻的内容之类都有很大的差异。如果和国外的报纸、新闻、网络等媒体做比较的话，还会有更大的差异。

当然查证所有的信息并不太现实。但是如果在对重要的决策产生影响的情况下，那么追溯信息的出处并查证，通过网络确认等都是非常有必要的。

此外，即便做到这一点，一般也无法查证所有的信息，所以在查证的过程中，还需要随时注意社交媒体上面的评价、评论以及自己信赖的人做出的反应。

⑦设置搜索结果的显示数量，灵活运用新标签页功能

在许多的浏览器中，我个人认为谷歌浏览器搜索的速度最快、使用起来最顺畅，我很推荐。这款浏览器中能够进一步改善浏览效果的插件种类丰富，更新换代的速度也很快。

如果想要进一步提升工作效率，我建议把搜索结果的显示数量设定为100条。使用谷歌浏览器的时候，页面的右上方会出现一个齿轮，点击后会进入搜索设置的选项。每页的默认数量为10条，在这里将其更改为100条。在2014年12月版本的谷歌浏览器中，可以设置谷歌快捷搜索预测功能，如果不先关闭显示快捷搜索结果这条选项，那就无法变更显示结果的数量，所以需要特别注意。我个人并不觉得快捷搜索有多么便利，我反而认为显示100条搜索结果更加方便。

如果只显示10条内容，那么搜索一次也不会遇到什么特别

有用的信息。匆忙地浏览一下搜索出来的10条内容，往往会觉得"没什么意思"，或者"没什么用"，而停止进一步的搜索。在页面的下方有"下一页"按钮，点击这个按钮才能进入到下一个页面，让人感觉非常麻烦，所以人们常常会放弃进一步的搜索。

但是假如把结果的显示数量设定为100条，那么不需要点击也可以看到许多有用的信息，错过重要信息的可能性就会减少，并且能够进一步激发出自己的兴趣。

此外，如果浏览到了优秀的博客日志，我还会尽量去阅读这位作者以往所有的日志。让人不可思议的是，能够写出一篇优秀日志的作者，其以往的日志往往也是非常优秀的。就如同寻到了珍宝一样，一定会让你觉得受益匪浅。

而另一个值得推荐的，则是在同一条搜索设置选项中，在"结果标签页"中的"将选中的各个结果在新的标签页中打开"这条选项上打钩并保存。

这样一来，每次点击的时候就能够在新的标签页中打开页面，在阅读结束之后，同时按下Ctrl+W就能够关闭这个标签页，然后可以继续查看其他的搜索结果。虽然这是一个小技巧，但如果一不小心把所有的标签页都关闭了，就不得不再一次打开浏览器，然后输入需要搜索的关键词重新搜索，这时候有不少人会觉得不耐烦而放弃继续搜索。这种方法便能够有效防止这种情况出现。

谷歌浏览器设置选项中"搜索结果在每一页的显示数量"

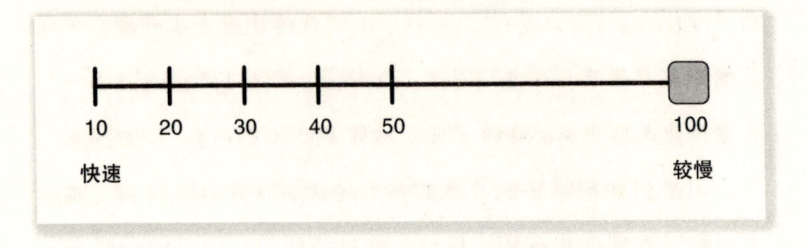

```
10    20    30    40    50                        100
快速                                              较慢
```

谷歌浏览器设置选项中的"结果标签页"

☑ 将选中的各个结果在新的标签页中打开。

⑧观看国外的会议视频

　　大数据、无人驾驶汽车、物联网、可穿戴设备、网络安全等，在这些今后越来越重要的尖端领域中，对于和美国的顶级企业竞争的人们来说，如果仅仅依靠母语的话，已经无法彻底掌握所有最新的信息，于是只能将目光投向英语信息。

　　在这样的领域中，海外召开的各种各样的会议往往会提出很多重要的议题，或者是围绕召开的会议有许多新的动向，我认为很有必要了解这些重要信息。

　　最近有许多主题演讲和章节演讲都能通过网络视频观看，我将其视为收集信息的一部分。具体来说，有SXSW（英文"西

① 每年3月在美国的奥斯丁市举行的大规模活动，都会在推特上掀起热潮。https://www.sxsw.com

② 发布IT行业的创新企业和网络相关新闻的媒体"TechCrunch"所举办的会议。每年在旧金山和纽约召开2次会议。https://techcrunch.com/

③ 全世界的投资家与创业家齐聚一堂，为了让环境改善和经济发展并存而交换意见并分享彼此知识的会议。https://www.cleantech.com/

南偏南"的缩写)、TechCrunch DISRUPT、Cleantech forum等。

虽然最好的方式是去现场直接参加会议,但并不总是有机会前往参加。从这个方面来看,网络上的各种会议视频就显得弥足珍贵了。

当然,这也是以高度的英语能力作为前提的。在全球性的竞争愈演愈烈的当今社会,掌握能够看懂英文视频的能力、以较快速度阅读英文报道的能力,对提升工作速度变得越来越重要。即使通过其他途径来提升工作效率,如果在这个方面浪费了大量的时间,那么提升工作速度也不过是一纸空谈罢了。

⑨参加学习会、研讨会和随后的交流会

对于学习会和研讨会,每个月只要参加1~2次就足够了。这样一来就能在许多方面得到启发,能够支起一根收集信息的天线。

在许多学习会和研讨会之后,往往还有交流会。如果有交流会的话我一定会参加。我一般会在现场立刻和他人交换名片,并回家之后就立刻向重要人物发送感谢的邮件(简单的自我介绍,以及对共同关心话题的评论)。写给第一个人的邮件大概需要花费15分钟,从第二个人开始大概90%以上的内容都可以复制粘贴,因此每封邮件只需要花费2分钟左右的时间。每次当我参加学习会或研讨会,回家以后我就会一口气写完所有的邮件。

统一写邮件的时候,工作效率明显提高,而且不马上完成

的话，这样的工作只会越堆越多。

在交流会上碰到了某个人，希望和对方深入交谈，并且对方也对自己感兴趣的时候，可以邀请对方参加会议或共进晚餐。实际上比起一同参加会议，共进晚餐是更好的选择。因为这样一来至少可以确保两个小时到两个半小时的交流时间，让两个人变得更加熟悉。

只花费两个小时共进晚餐其实并不容易，但是不论两个人有多么意气相投，都应该尽量避免超过两个半小时以上的交谈。比如说从7点半开始交谈的话，那么就要在晚上10点钟左右结束晚餐，否则回到家根本就没有多余的精力工作。

不少人认为只要喝了酒，那么不管是早点回家还是晚点回家，都无法集中精力工作，但我认为这其实取决于喝酒的方式。如果是相隔15年的同学聚会的话，那么喝酒肯定是难以避免的，但如果是日常聚餐的话，我希望大家在回家以后还是能够确保工作和学习的时间。

参加的学习会和研讨会后，在怎样的机会下，遇见了谁，自己的人脉是如何扩展的，我会将这些信息全部都记录下来。这样一来，对于自己是如何努力地去扩展人脉，就能更加一目了然，同时也成为一种对自己的激励。此外，在怎样的学习会和研讨会中才能够遇见更多的优秀人才，对于这一点也会把握得更加清楚。

另外，优秀人才往往会介绍给自己其他优秀的人才。这大概是因为优秀的人才往往都会聚集到一起吧。虽然其他人也会热情地向自己介绍人脉，但比较遗憾的是往往和期望有所落差。同样地，为了让别人不会感到失望，我希望大家每天都能够锻炼自己的能力，完成该做的事情。这样的态度在吸引优秀的人才方面也是非常重要的。

此外，在参加学习会和研讨会的同时，为了确认接下来的时间安排，我建议大家制作一个"学习会和研讨会文件夹"。对于参加过的会议或者准备参加的会议，在其相关的邮件和链接上标注日期然后保存，那么在会议即将开始前再确认自己的时间安排，也非常方便。

⑩经常参加各类展会

为了把握自己关心领域的动向和最新信息，我建议大家经常去参加各类展会。假如每个月能够去1次的话，那么在这个领域就可以达到不输给任何人的水准。参加展会可以使敏锐度得到提升，还能获取大量新知识，人脉关系也会加速扩展。因为精神上更加放松，所以自我发展的意愿也会更加强烈，即使和现在自己所从事的业务没有直接关联，也能得到上司和同事的信赖。当然工作的范围也会得到迅速的延伸。

如果是在东京，例如幕张展览中心、东京 Big Sight、有乐町的国际展厅等，每年都会举行各类的展会。通过参加展会，接触实际的事物，就能够迅速地把握自己关心领域的最新信息。

在展会中不仅可以观看展览，对于感兴趣的事物还可以尽情地向解说人员提问，这一点其实是非常重要的。解说人员一般会非常仔细地向我们解说。对于一般人提出的有点莫名其妙的疑问，他们也会回答得非常简单易懂。此外，在技术类的展会中，有时候开发者本人也会热情地向大家解说。

除此以外，该产品的竞争产品也会在附近展出，就会更加容易明白其中的差异。于是对于A产品和B产品之间到底有什么差异，这样有点失礼的问题，我们也能够大方地提出来。说不定解说人员正等着有人能够提出这样的问题，对方会非常乐意解说其中的差异。随后，在竞争公司的展台下面询问同样的问题，就能够彻底明白两者之间的差异。

既然好不容易去了一次展会，就应该多拍些展品的照片，尽量多收集些宣传册。但是如果在收集宣传册的时候，没有仔细聆听说明人员的解说，那就有点得不偿失了，我希望大家都能够注意这一点。

围绕不同的主题，其实在旧金山、新加坡、伦敦等地也有许多非常重要的展会，只需要参加这些展会就能让自己变得更加自信，我希望大家能够将它视作一次旅行，哪怕是自费也要积极地参与。

⑪ 如何选择对自己最有益的咨询对象

每天早上和晚上各花30分钟在网上收集信息，其实还是不够。除了网络上的信息，我们缺乏来自身边真实朋友的信息。充满智慧和洞察力的朋友给予我们的灵感与刺激，是其他任何事物都无法替代的。如果身边有和自己相同年纪，或者比自己大5岁、10岁，或者比自己小5岁这些年龄段的朋友，能够随时向其咨询问题，那么每个年龄段至少要有两位。这样信息的收集能力、临场感、判断的能力都能够得到大幅强化，视野也会变得格外开阔。

从我自身来说，我是通过如下方式找到自己的咨询对象的。从各个年龄段的朋友中分别选择6~7人。不仅是同一家公司的同事，我还会尽量选择公司以外、和自己立场完全不同的人。我和这些人会经常交流，某种程度上互相抱有好感。倘若没有什么特殊的理由，邀请对方一起吃饭、聊天，一般会有四五个人接受我的邀请。就算无法马上接受我的邀请，也可以在几个月之内一起吃饭（如果几乎所有的人都拒绝了你，并且没有给你任何答复，那么就应当反思自己的生活方式、待人处事的方式、工作的方式等）。

从我自身的经验来说，在我刚刚进入麦肯锡公司的时候，我就鼓足勇气邀请了麦肯锡日本分公司的董事长大前研一先生和我单独共进晚餐。虽然周围人都认为我有一点不知天高地厚，但是三四个月之后我终于和他吃了一顿饭，这成了一次非常珍贵的经历。他虽然非常忙碌，但是为了我这个新员工特意腾出时间来共进晚餐，为此我也非常感谢大前先生。

如果有机会和四五个人分别共进晚餐，那一般和其中的两三个人都会特别聊得来，也就是意气相投。哪怕对方是比自己先进入公司5年或10年的前辈员工，只要自己拿出热情的态度，不需要特别担心什么，对方一定能够感觉到自己的热情。如果平常坚持在网上收集信息，以及按照本书所讲述的方法提高自身能力，那么自己的能力对于对方来说也是非常有吸引力的。

通过这种方式找寻到的咨询对象，应该半年1次，或者至少能够1年1次一起吃顿饭，或者是一同参加某个会议，告诉对方自己的最新状况。如果按照对方提出的建议努力之后，取得了各种各样的变化和成果，那么对方一定会感到非常欣慰。

另外，最好是隔几个月就与咨询对象邮件沟通一次。当我想了解某个信息的时候，常常会用同样的内容向许多人进行询问。当然为了避免失礼，我也会写一些问候的话语，或者讲述一些自己的近况，但是正文的内容却几乎相同。比如说，你觉得电子书籍会以怎样的速度发展下去，或者是你认为HTML5从什么时候可以彻底地取代Native之类的问题。

能够成为"什么问题都可以咨询的对象"其实有两个条件。第一条是某种程度上对方比较欢迎来自他人的询问，这种情况下人们回复邮件都会比较快速。至于对方为什么欢迎他人的询问，是因为当自己非常认真地思考某个问题，表现出了虚心学习的态度时，对方一定愿意给予帮助。

原本能够邀请对方一起吃饭，就说明两人的关系比较深厚。如果在吃饭的时候越聊越开心，就说明对方也非常喜欢这样的交流方式。在这样的基础之上，偶尔向对方谈一谈自己的近况，然后认真地发送询问的邮件，十之八九对方都会非常认真地回答自己提出的问题。因为人们都喜欢别人来咨询自己。当然如果自己显得不够认真，或只是企图剽窃他人的创意，那么马上就会被看穿。归根结底，这样的人际关系也是难以长久的。

如果对方回复邮件特别迅速，那就更加要咨询对方，因为询问他人的时候，我们总是希望能够马上得到回复，否则心中会感到些许不安。假如对方的回信是在1~2周之后，或者根本就没有回信的话，那就谈不上进一步咨询了。

⑫通过主动演讲收集信息

参加学习会和研讨会的时候，如果有机会演讲，那最好是把握住这样的机会，但是对于自己希望进一步钻研的专业领域主题，或者是今后希望进一步学习的领域，最好能够通过会议或者研究会去有意识地主动演讲。

当然这并非易事，需要遵循一定的过程。首先可以设立一个该相关领域的博客，然后每天花20~30分钟写日志，这就是一个良好的起点。每周写1~2次，坚持写3~6个月的时间。通过反复在博客上发表日志，即便一开始是个门外汉，也会逐渐开始熟悉这个领域。如果还设立了Facebook主页和Facebook

小组，并且每次写了日志之后就在推特上发表动态，那么在该领域你就会更加受到人们的瞩目。

于是逐渐地人们会邀请你去参加一些学习会、研讨会以及论坛并演讲。一旦有过一次登台演讲的机会，之后就轻车熟路了。基于以往自己写过的博客日志，要做好远远超过对方期待的万全准备。这样的过程中，自己不仅会学习到很多新知识，更重要的是，还会有许多前来观摩演讲的人主动要求交换名片，并有可能邀请你参加其他演讲。

一直坚持写日志的话，说不定还会有人请你写书。写书之后，还会收到来自读者的联络，于是人脉进一步扩张，能够获取更多的有利信息。

在可穿戴设备、物联网、数码健康设备、教育和IT领域的协作、机器人、人工智能、电动汽车、车联网、无人驾驶汽车、大数据、3D打印、太阳能电池之类的环保能源、生物工程、iPS细胞、药品开发、云平台、云端资源等领域急速发展的大环境，做这样的尝试是非常有效的。

或者对于印度尼西亚、泰国、缅甸等东南亚国家的业务机会，迪拜、阿塞拜疆等中东国家的业务机会，以及与时尚、DIY、赴日旅行者相关的服务等信息，也会更加容易获取。

对于不知道从何下手写博客日志的读者来说，我建议大家首先阅读1000篇以上与自己感兴趣的领域有关的博客日志。虽然领域不同，内容也会有所不同，但哪怕是3～5位作者所写的日志，其内容就已经相当丰富，涉及各个方面，从中一定可以找到自己最欣赏的作者。他们是如何写博客日志的，是如何深度挖掘相关主题的，使用的信息源来自何处，如果能够参考他人的这些经验，就能够清楚地了解如何写自己喜爱领域相关的博客日志。

⑬ 半年就能见效的超高效英语学习法

在这个时代，为了收集到足够的信息，英语能力确实变得越来越重要。在美国的引领下，全世界的变化日益加快，超越了国家和文化的协作也在不断推进，即使认为英语和国际化与自己无关的公司，现在也有点坐立不安了。当然，对于那些跨国企业来说这一点则更加显而易见。

"日本人不会说英语""只要有翻译在，就没问题"，这样的时代早就已经过去了。不论是欧美还是亚洲国家，现在各类会议和活动都是用英语召开的，不论是来自哪个国家的参会人员，都在流利地用英语沟通。任何人都不会对别人的英语能力评头论足，即使母语不是英语，也理所当然地用英语发言、演讲、提问。白天的会议以及招待宴会上大家都会热烈地用英语交谈。甚至一大早，在会场的各个地方，都会聚集着一些人用英语商谈。

我觉得日本人在很多事情上常常慢半拍，甚至可以说不是慢半拍，而是实实在在地落后于时代。虽然任何人都不会希望落后于时代，但如果融入不了这样的氛围中，那就是实质性的落后。在全世界召开的各种会议和活动中，日本人看起来总是非常紧张和局促。即使是参加聚餐，也往往只是一群日本人一同前往。如果不从根本上改变这一点的话，就无法找准开始收集信息的起点。

有很多人都天真地认为：只要技术不断发展，就一定会出现比以往翻译机器要先进很多倍的自动翻译机，就算不会英语也没什么问题。当然，技术确实在不断提升，但是归根到底，机器都无法实现人和人之间面对面接触交流所产生的效果。来自越南、韩国、中国、俄罗斯等国家的人们都能够非常流利地用英语交流，而只有日本人使用自动翻译机，这显然是贻笑大方。

那么，究竟该如何从根本上来强化英语能力呢？英语能力分为"听力能力""读解能力""口语能力""写作能力"这4种，接下来我会说明如何各花半年时间来强化这些能力。

从我个人的经验来说，在中学一年级上半学期最开始学习英语的时候，我的英语成绩非常糟糕。我的姐姐觉得我成绩太糟糕，于是告诉我在笔记本中间画一条线来制作单词本的方法。她建议我阅读比较薄、字体比较大的平装本英语书籍。从下半学期开始，我的成绩总算有所起色了。从那以后，英语就成了我最优秀的科目，不论是参加东京大学的入学考试，还是去留学，以及在麦肯锡工作的时候都发挥了巨大的作用。

听力能力

为了提高听力，我建议大家反复观看对话量非常大的电视连续剧DVD。我最推荐的连续剧是将法律和恋爱因素融为一体的《甜心俏佳人》，其中的对话非常丰富。主角的语速很快，英语的节奏感很强，一旦听习惯了，就能够同时学到商务英语和日常生活用的英语。

完全不需要购买每一集的DVD，也不用购买最新剧集的DVD。其实只需要在网上买一盒DVD，然后反复练习听力就足够了。练习听力的方法是第一次先看中文字幕，第二次只看英语字幕，第三次不要看字幕，而是努力去听。因为已经理解了内容，会意外地觉得能够听懂英文对话的内容。"我似乎也开始能够听懂一些英语了"，这样的自我感觉是非常重要的。

对于特别不擅长英语的人，我建议大家能够反复观看第二遍的英语字幕。这个过程如果不积累到一定程度的话，就无法进入下一个步骤，所以在竖起耳朵仔细聆听的时候，眼睛还要不停地跟着字幕走。如果觉得自己能够稍微听懂一些英语了，除了DVD以外，还可以通过播客（数字广播）来收听奥巴马总统的演说，以及YouTube上自己感兴趣的会议实录等内容。只要在网上仔细搜索，还能找到一些长度在30～60分钟的音频文件，也可以反复地听这些文件。

在自己不太感兴趣的领域上花时间去练习听力，结果也不会太乐观。最好是将练习听力的时间集中在自己喜欢的领域、想要学习的领域，以及关心的领域。如果能同时实现收集信息和强化英语能力的目的，内心就会有充分利用时间后的成就感。

虽然和口语能力也有一定的关系，但如果感觉自己能够听懂一些内容的时候，可以在练习听力的同时尝试跟读，这种方法非常有效。这就是所谓的"影子练习法"。养成习惯听懂一个个单词，那么听力能力就会大幅度地提升。

读解能力

要想强化读解能力，最重要的就是增加阅读量。虽然人们常说阅读英文报纸和杂志非常有效，但由于这些报道比较简短，或者话题比较杂乱、价格太贵，最终我没能坚持下来。我建议大家阅读以故事为主线的平装本书籍，认真地阅读10本左右就可以了。读完了之后，自己的读解能力会有很大提升。

如果喜欢小说就阅读小说，如果喜欢纪实文学就阅读纪实文学。图片太多的书籍有可能会干扰集中阅读，所以不太推荐。如果不是那么喜欢读书的话，可以使用谷歌快讯，每天阅读5~6篇新闻报道，渐渐地阅读英语也就不再是一件苦差事了。

口语能力

要想强化口语能力，在国外出差时以及和英语圈国家的上司交流的时候，会常用一些短句。将这些内容事先准备数百条，然后反复阅读，我认为这是强化口语能力的最佳捷径。

例如：

◎ 我觉得这是个好主意。

→ I think that is a great idea. I like it.

◎ 我有些担心。

→ I have some reservations about this point.

◎ 请允许我讲一讲自己的看法。

→ Let me share my opinion regarding this point.

类似上述这样的表达方式有：问候、会议时表示赞成、表示反对意见、委托工作、外出陪同参观、在聚餐时发言、遇到困难寻求帮助的表达、向他人抱怨，等等。这些可以分成20多个类型，每种类型下写10~20条短句，然后请英语国家的朋友或者是熟人帮忙翻译成最简洁的英语短句。根据礼貌或者抱怨的程度，同一个意思还可以有很多种表达方式，那么实际使用的时候就很容易选择出最符合当时场景的表达方式。

制作了短句表之后要大声朗读，在实际的社交场合中才不会怯场。如果在实际的对话中听到一些很地道的表达方式时，也应当添加到自己的短语表中。通过这样的方式，就能制作出一份对自己真正很有用的短句表。

我在刚刚进入麦肯锡的时候，虽然去瑞士参加了一个培训项目，但是我完全没有勇气发言。虽然我曾经在斯坦福大学留学，但是工学硕士的课程并不需要太出色的英语能力。我大致上能够听懂讲师的说明和参会者的发言、提问等，但是自己无法积极主动地去提问和发言。我后来仔细思考其原因，是因为我在现实生活中无法自然地使用英语，于是我用上述方式自己制作了短句表，渐渐能够用英语发言，直到最后变得较为流畅。

另外，我在韩国推进经营改革项目时，也采用了完全相同的方法，成功地学会了韩语。基于礼貌的程度，韩语的表达会有很大的差异，所以我非常注意这一点。比如说，同样都是表示感谢，也会有"谢谢""非常感谢""真是感激不尽"这样的差别。我让在日本出生、在韩国念大学的秘书也尝试了一下制作短句表的方法，最终也取得了非常好的效果。

写作能力

这里所说的写作能力是指：

◎ 在Facebook和领英等平台上，能够用英语自如地写短信
◎ 能够用英语写演讲稿

只需要做到这两点就够了。可能之后还会需要你达到用英语自如地写博客和论文的水准，但是先做好这两点就行了。

要想强化写作能力，可以选出一些英语为母语的外国友人发送来的邮件，把值得借鉴的部分分门别类地整理好，我想这样的方法是最快捷有效的。因为是按照用途来分门别类地整理，

所以哪怕是拼拼凑凑也一定能写出一篇文章。

如果是外资企业，有时候会有专职的英语编辑人员，就算没有这样的工作人员，也可以请周围的外国友人帮忙修改自己的文章。让别人反复修改几十次以后，基本上就能写出通顺的英语文章。

英语的演讲资料也同样适用这个方法。从收集到的英语演讲资料中，将有用的表达方式分门别类地整理出来。表格的格式和整体的构成等也尽量做到整齐划一。如果做到这一点，基本上写出来的资料就已经很像样了。在这个基础上，再请外国友人帮忙修改一下。

自己书写的邮件、短信和演讲资料就算有些青涩，但是如果能够传达出准确的含意，心中就会涌出一股干劲，然后不断进步。虽然这么说有些敷衍，但是学习英语就是需要这样的心理，还有一定要随时随地多加练习，这才是迅速提高英语能力的捷径。

做到以上这几点，要想继续提高英语能力，最重要的就是累积一定的学习量。但是对于毅力比较薄弱的人来说，一个人学习很容易就会半途而废。其实可以和有相同爱好的朋友一起学习、一起竞争。如果能够灵活使用Facebook的小组功能，认识许多新朋友，在交换信息的同时，也能够轻松保持共同学习和竞争的状态。

4.2 短时间内完成制作文件和资料

①灵活使用"A4纸做笔记"法，高质量、快速地完成工作

在制作文件和资料的时候，常常在开始制作的时候因为各种细节而感到不安，或者是在准备和收集信息的过程中耗费了太多的时间，或者是反复制作了好几次，又或者是明明很紧急却不得不一再推迟，总而言之就是会花费不少时间。如果是速度比较快的人，1小时之内能够完成文件或资料，但是对于速度比较慢的人来说，就算花费3~4个小时，最终的成果也往往不尽如人意。

在制作文件和资料上花费过多的时间，实在是一种可怕的浪费，接下来我将介绍一些大幅度提升工作速度的步骤。

对于想要制作的文件，总之先用30~50页的便笺纸全部写下来

如果想要制作出格式漂亮的文件，速度必然会降低。人们会开始思考和烦恼各种各样的细节因素，文件和资料的制作本身却停滞不前。很多人都会陷入这样的窘境。

与之相对,我建议大家不要在意格式,使用52页所推荐的"A4纸做笔记"法,先写出一个题目,然后1分钟内在1页纸上写下4~6行、每行20~30字的内容。当你不在意格式、顺序和体裁的时候,会感觉写起来流畅多了,对于这种行云流水的书写方式甚至连你自己都会感到惊讶。

在制作PPT之前会制作基础方案,而这个步骤就是在制作基础方案之前的一种准备,所以完全没有必要在意格式。在这样的状态下,人们的大脑会变得非常灵活,我希望所有读者都能尝试一下。大概每页要花费1分钟,一共花费30~50分钟。

将写好的笔记全部摊开在桌面上,将内容相关的笔记摆在一起

如果写好了30~50页的笔记,就将它们摆放到比较大的桌面上。最普通的摆放模式是将关于问题和课题的笔记放在左侧,将解决对策摆在正中间,然后将与其相关的具体对策摆在右侧。

虽然在这个阶段还没有目录,但是通过大致的摆放和排列,就会很自然地看清楚自己究竟考虑到了哪种程度,应该在哪个方面进一步深入挖掘。

在这样的过程中,各种各样的问题和与之相应的解决策略都会源源不断地浮现在脑海中。在这个过程中也完全不需要注意格式和形式,只需要花费10~15分钟的时间。因为深入挖掘本身是没有止境的,所以这个部分最好还是迅速而简洁地完成。

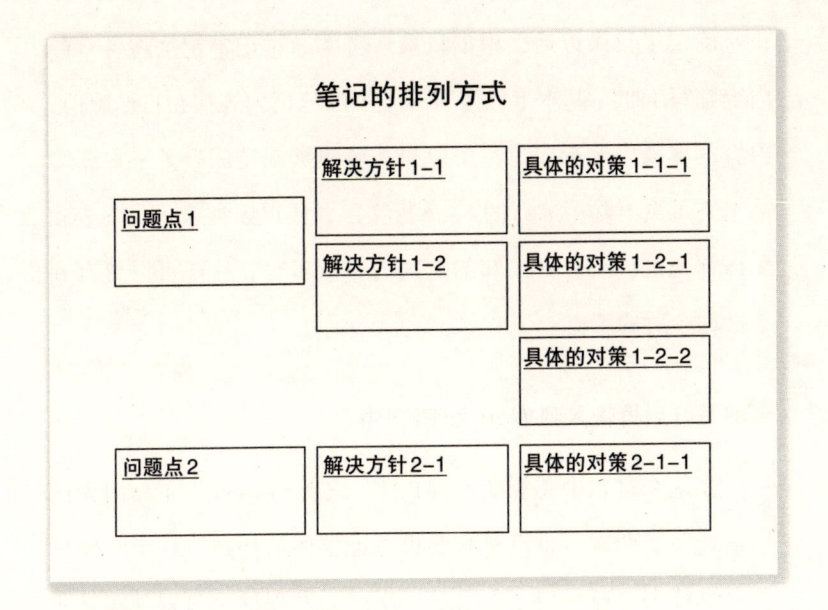

```
┌─────────────────────────────────────────────────┐
│              笔记的排列方式                      │
│                                                 │
│              ┌──────────┐  ┌──────────────┐    │
│              │解决方针1-1│  │具体的对策1-1-1│    │
│ ┌────────┐   └──────────┘  └──────────────┘    │
│ │问题点1 │                                      │
│ └────────┘   ┌──────────┐  ┌──────────────┐    │
│              │解决方针1-2│  │具体的对策1-2-1│    │
│              └──────────┘  └──────────────┘    │
│                            ┌──────────────┐    │
│                            │具体的对策1-2-2│    │
│                            └──────────────┘    │
│                                                 │
│ ┌────────┐   ┌──────────┐  ┌──────────────┐    │
│ │问题点2 │   │解决方针2-1│  │具体的对策2-1-1│    │
│ └────────┘   └──────────┘  └──────────────┘    │
└─────────────────────────────────────────────────┘
```

针对摆放好的笔记统一制作目录，将笔记整理好再重新书写笔记

在这个时候，所制作的文件和资料的整体印象，就会逐渐地浮现出来。编写目录的秘诀其实很简单，将自己所属部门的文件和资料的各种目录复印几十份，最开始只要模仿就可以了。这是非常简单的方法，很容易就可以掌握。

当我最初进入麦肯锡的时候，我并不擅长制作文件和资料，于是我复印了很多有关资料的目录和分析图表，让自己尽快地熟悉这些格式。

在模仿写目录的过程中，自然而然地我也会发现一些自己可以修改和完善的部分。这时候我可以一直修改到自己满意为止。确定了目录以后,根据目录,再次通过记笔记法将各章的内容都写下来。基本上已经有几十页的笔记内容摆在自己眼前,内容的框架已经形成了,所以只需要根据确定的目录来重新写笔记。每页上除了原有的 4~6 行文字,还可以加入一些图表和采访评论的内容,在已知的范围内尽量多写,这样可以更有利于推动今后的工作。

全部写好后再输入到 Word 和 PPT 中

在这个过程中总算要用到 PPT(或者 Keynote)了。因为已经重新写了两次,也没有必要再考虑整体的构造,这个时候只需要继续书写就可以了。尝试一次就会发现这个过程其实是非常爽快的。工作全速前进,大脑也会变得更加清晰,于是形成一种良性循环,自己也会更加自信,所有的工作也会进一步加速。

首先写目录,然后是每一个标题,最后在一部分的页面上可以写一些内文。在完成全部的输入之后,然后重新审视一下文件整体,确认一下自己想要传达的信息是否都明确地表达了出来,是不是还有什么遗漏。在为了完善文件而反复检查的过程中,大脑里还会涌现出各种各样的新的创意。因为把握了文章的整体构造,所以才能够如此高速地推进编写工作。

最终的"发酵"

在初次编写结束后,脑中应该涌现出了不少新的创意。虽然要继续修改文件整体，但是每次修改的时候，都应该回到这一章节的目录和主体部分，确认文件整体是否出现了偏离。

做到这一步之后，可以先暂停一下编写工作。我把这个过程称为"发酵"。因为文件的大部分都已经完成了，所以内心比较没有压力。之后可以重新征询他人的意见，从客观的角度再次审视文件的整体构成。

如果比截止时间稍微提前一些完成的话，内心也会感觉轻松很多。还能有时间不慌不忙地再俯瞰一遍文件的整体，或者从新的视角来重新审视。这个时候，可以在剩余的时间里做一些细微的调整，有时候甚至还想要做一些更加深入的调整。万一调整后感觉效果不太好也不必在意，因为基本上已经达到了及格线，所以也不需要特别担心。在内心比较放松的状态下调整文件，能够清楚把握其整体结构，因为需要耗费时间的工作大部分也已经完成，所以就算有什么较大的调整也能非常迅速地完成。

因为冷静地站在读者的角度重新审视了一遍已经完成的文件，所以最终成品的质量会在这个时候达到质的飞跃。这一阶段不需要花费太多的时间，而且不会有压力。

重点在于如何迅速地把握文件的整体印象

将上述内容归纳起来，就是灵活运用记笔记法，不拘泥于格式，迅速地构筑起文件的整体结构，应用PDCA工具，完成工作的过程。通过这样的方法，便可以用平时工作4～5倍的工作速度制作文件和资料。

一旦有了整体的把控，人类的大脑就会突然变得无比清晰和灵活，脑中会涌现出各种各样新的想法：完善这个部分，将那个部分进一步提前，等等。在这样的状态下我们才能集中精力，全速推进工作。虽然我认为自己至今为止确实制作了大量的文件和资料，但是即便如此，集中精力制作的状态和普通的状态，工作速度的差异甚至可以达到5～10倍。如何实现这样的高速工作模式非常重要，这也取决于是否明确地把握了文件的整体结构。

如果没有清楚认识文件的整体结构，不但工作速度迟缓，还会因为压力而让大脑陷入迟钝、没有创意的状态。此时，能够有效推进工作的PDCA工具也会变得难以应用。我希望大家首先不要考虑多余的要素，要先清楚地把握文件的整体印象，这样的态度才是重中之重。

关于PPT的注意事项

PPT不论在工作中还是工作以外的场合，往往都是不可缺少的软件。我希望通过这个机会，让大家能够熟悉如何使用PPT。如果潜意识里总是认为自己不擅长使用PPT，工作的速度就始终无法提升，在与团队成员和相关人员沟通的时候，也会带来阻碍。

我最初其实并不太喜欢PPT，但是在自己使用PPT制作评论表和操作手册后,我觉得自己不喜欢PPT的这种想法减少了。我们在平时的工作中有许多机会遇到用PPT制作的文件,将自己觉得不错的PPT全部放入一个事先设置好的"PPT模板"文件夹中存档,多多模仿,渐渐地就会感觉其实做PPT也没有那么难。

另外,PPT中有好几个非常有用且方便的指令,大家最好是请教一下这方面的专家,花1个小时左右让别人指导自己,操作技巧就会有很大的进步。幸运的是,有不少人都热衷于磨炼操作技巧来提高PPT的使用熟练度,找到这样的高手,然后向对方虚心请教,那么对方一定会很乐意传授这些技巧。

有一项非常有用,但是却不太被人知晓的指令,那就是"将一行文字向上或向下移动",快捷键是"Shift + Alt + 向上或向下的方向键"。在移动一行文字的时候,许多人都是采用复制粘贴的方法将文字移动到某个位置,但是采用这种方法,只需要把光标移到那一行然后按下组合快捷键即可,文件的编写也会变得轻松许多。我希望大家都能够记住这个小技巧(另外这个指令在Word中也是可以使用的)。

②跟上司确认整体印象,推进工作

在制作文件和资料上花费了过多的时间,制作文件的人应该承担一部分原因。但是上司没有明确的表达应该完成怎样的任务,或者上司自己也说不清楚到底是怎样的任务,这也是原因之一。

没有能力的员工在工作几年之后，也会成为一位上司，这就是我们常见的企业文化。

我在上一项中介绍了整体印象这一重点，但是按照上司的指示推进工作的时候，我们常常不清楚工作的整体流程，但又不得不继续推进。上司的指示往往是不明确的。但是就算他指示的内容非常模糊或者自相矛盾，如果多追问一句，上司就会马上给你脸色看。就算不会给你脸色，对某些不合逻辑的部分进行确认的时候，上司讲的话也会发生一些微妙的变化。

不论追问多少次，上司的指示也不会变得更加明确。一旦员工感觉到上司已经有些不耐烦的时候，只好停止确认，继续这样不清不楚地推进工作。在这样的状态下推进工作，当然结果也不会特别理想。就算上司没有做出任何明确的指示，也能够对员工的工作成果发表评论，这就是上司的立场。因为上司往往比员工拥有更多的信息，所以很容易从一个新的角度对员工的工作成果提出批评。从根本上来说，上司根本就不认为必须要有明确的目标意识，然后发出明确的指示，所以就算员工处于没有头绪的状态，他也熟视无睹。相反还有不少上司认为这样做就是尊重员工的自主性，有利于员工的成长。

那么到底为什么会发生这样愚蠢的事情呢？是因为日本的不少企业都还保留着年功序列制，很可能比自己早进入公司几年，然后工作又比较认真的人成了上司。但是非常遗憾的是，这样的上司对于应该怎样培养员工、发出怎样的指示才能取得较大的成果，并没有接受过系统性教育。即便是被称为一流企业或者是大型企业的公司也是如此。虽然这些公司也会开展针对管理职位的培训，但是却几乎没有针对培养下属的实践性训练。

在这样的环境中，就算好不容易完成文件和资料，最终也常常被要求重新返工。从提升工作速度的角度来看，必须避免这一点。

那么作为接受指示的下属，比较聪明的应对方法是从一开始就向上司确认："对于这样的指示是否能够用这样的流程推进工作呢？"然后在工作的过程中反复确认几次，最后完成工作。

将自己所设想的工作完成概要尽量详细地写下来，然后和上司沟通。原本应该是上司让下属去实践工作时完成概要的制作，但是在这里却发生了颠倒。

例如，需要制作30页左右的计划书的时候，首先编写封面和目录，然后估算一下大概的页数，在每页上简要地写一下正文的概要和示意图（包括折线统计图和饼状统计图以及采访的评论等内容）。将这些信息写得尽量明确，然后再输入到PPT，将成果展示给上司看，对上司说明。然后按照120页所介绍的方法制作正式文件，那么基本上只需要几天时间就可以整理完成，完全不会浪费时间。

然后再把成果展示给上司，确认主题是否有偏离。在截止日期之前，做4~5次的进度报告，确认一下自己的文件和上司所期待的内容是否有偏离，或者上司所期待的内容本身是不是有偏离。虽然有一部分上司很不喜欢工作做到一半，就听到下属的报告和进度确认，这种时候我们只好随机应变，根据状况和上司多沟通。

③制作工作完成概要的方法

如果你是一位上司，在让员工制作文件和资料的时候，从一开始就应该有尽量详细的工作完成概要（用来展示在工作结束的时候，应该形成怎样的成果）。如果比较熟悉了之后，那么大概只需要花费30分钟就能够详细地写出一篇工作成果概要，然后让员工按照这个概要来完成工作。在这样的状态下才能够稳定地推进工作，避免发生偏差，工作输出的质量也会有所提高。

理解上司和下属之间的差异

员工经常不清楚上司到底需要怎样的成果。就算上司认为已经清楚地将任务传达给员工，但是因为两者之间的记忆和理解能力都有差异，所以传达的内容很难被正确地理解。而且和上司相比，员工所拥有的信息量大概还不到上司的几分之一。无论口头上花多少时间去详细地说明，开始说明的瞬间，理解上就会产生较大的偏差。从这个意义上来说，假如上司告诉员工："我希望你马上制作这样一份文件，明白了吗？"如果员工回答："是的，我明白了。"这种情况可以说是最糟糕的。

如果是通过口头方式传达，不仅仅是在最初的理解上会有所偏差，不论是说话的人还是接收信息的人在隔了一段时间之后，记忆都会变得模糊不清。而且人们往往只记住那些对自己有利的部分。就算固执地认为"我一定这么说过""你当时就是这么告诉我的"，在工作过程中产生偏差的情况也是时有发生的。从结果上来说，上司无法给予有效的帮助，也无法获得实现预期的成果。更严重的是会给员工带来过度的压力，造成过度疲劳。

具体的步骤

"工作完成概要制作方法"针对上述的上司和员工之间信息量的差异、能力的差异、上司指示的模糊程度等问题，都会有惊人的效果。

原本我在韩国工作的时候，曾经同时负责7～10个项目，以客户的团队成员为对象，我推行了上述方法。最终大家从"当局者迷"的状态中跳脱了出来，并掌握了这样的方法。我在培养经验不足的负责人时，不会给予对方过度的压力，但对于工作输出的质量也不会妥协。虽然我的方法比较特别，但是至今为止运用到了各种各样的状况中，事实证明在任何情况下都是非常有效的。

将这个方法的重点归纳起来，如下所示：

◎ 向员工指示工作的时候，从一开始就应当尽量详细地写一份工作完成概要，交给员工

◎ 当制作业务涉及计划书、报告书等资料时，先确定整体的目录、页数和页面的分配，写出每一页的标题，然后编上页码

◎ 一旦习惯了以后，就可以在员工面前直接编写工作完成概要，直接和员工沟通并达成一致，然后让员工迅速地推进工作

◎ 从一开始就要明确说明最终的目标，在实现目标的过程中需要频繁地召开进度确认会议（如果是2周时间内，需要召开7~10次），这样一来，就不会给员工造成过度的压力，很轻松地就能实现目标

◎ 在每次召开进度确认会议的时候，让员工把正在制作的资料全部复印，然后让员工说明新完成的工作部分，那么作为上司，就能更轻松地确认进度和至今为止的工作动向

◎ 对于进度确认会议中不足的部分，由上司来做出补充（图表中箭头部分）

◎ 如果频度较高，那么每一次的进度确认会议只需要10~15分钟就足够了，不会花费太多的精力，并且工作完成的质量也能得到大幅度改善

工作完成概要的制作方法

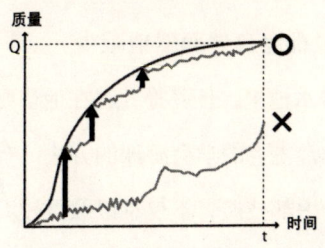

上司在口头上做出了不明确的工作指示,员工误解或者根本无法理解的时候,文件和资料的制作成果一般都很糟糕(×)。基于"工作完成概要的制作方法",在工作中反复确认工作进度的话,那么工作质量和工作速度都会大幅提升(○)。

为什么工作完成概要的制作如此有效?

如果依靠常规的工作方法、工作指示,常常会产生理解上的偏差,或者记忆的模糊,进而导致返工,但是如果按照上述方法来推进工作的话,几乎可以完全防止上司和员工之间理解上的偏差。不论是3天时长的工作还是2周时长的工作,都是在工作最初的时候就制作好了工作完成概要,并充分沟通,所以才避免了之后会产生的差错。

虽然有不少上司自己也说不清楚到底希望员工做些什么工作,但是花30分钟左右的时间编写一份工作完成概要就会有所改善。最开始编写的时候或许会觉得有点难,但在编写的过程中,会不断发现许多新的想法,对上司自身来说也是一个很大的进步。

虽然有人还是认为:"如果上司帮了员工的忙,那么员工本人不是就得不到任何锻炼了吗？"但其实上司并非要完成所有的工作，所以这样的担心是多余的。而且对于能力比较强的员工，反馈的频率和数量都会自然而然地减少。

将一个人扔进水池里，任其挣扎，在他快要溺水的时候再施予援手，这是一种非常古老的学会游泳的方法。有着这种文化的企业无法积累起企业的内部技能，不仅难以取得较大的成功，更严重的是真正有能力的员工会不断被埋没，人才的流动也会比较频繁。

这种方法对设计和编程业务也很有效

上述说明虽然都是针对文件和资料的制作，但是在设计和编程业务中，也可以参考这样的方法。重要的是，有时上司没有对业务的内容做出明确的指示，希望员工能够和自己有默契地完成工作，在容易发生这种情况的时候，我想上述方法一定是有效的。

即使是在推进难度较高的项目的时候，对于工作完成概要在理解上达成一致也是很有必要的。在找准方向之前，和员工一同摸索，向员工展示自己制作的样本，非但不会浪费时间，还能取得巨大的成果，也不会给员工造成巨大的压力，对于部门来说也规避了重要业务失败的风险。

④盲打和快捷键

不要逃避盲打

完全不看键盘的话，你的打字速度最快是多少呢？能否做到所谓的"盲打",工作的速度会发生本质上的变化。我感觉周围能够熟练盲打的人只有三分之一,甚至不到三分之一,但是不可思议的是有许多人就算不会盲打,也不会尝试去练习。盲打的熟练程度对工作以及自己的情绪都会产生巨大的影响。所以,我希望所有读者都能下定决心,一定要掌握盲打。大概几年后人们就可以使用语音输入法了,所以没有必要练习盲打,有不少人都以此为借口想要逃避盲打的练习。虽然语音输入法的性能确实是日渐提升,但是考虑到汉字转换和单词录入等因素,目前还是盲打的速度要快很多,正确率也要高很多。归根结底口头语言和书面语言是有所区别的,用语音输入书面语还是有些难以想象。至少我个人是完全没有自信的。

当然说到练习,我也并没有什么特殊的方法。只要意识到这一点,在写邮件和博客的过程中,就会渐渐地记住盲打的感觉。和钢琴吉他之类的乐器不同,几乎任何人都只需要几周的时间就能完全地掌握盲打。有人可能会想:"非得会盲打才行吗?"当你犹豫的时候,是不会有任何进步的,最好是下定决心练习盲打。

需要注意的是,如果在公司和办公室使用的是不同的电脑,因为键盘的排列会有所不同,按键的触感也有细微差别,所以会影响熟练度。像92页所说的那样,尽可能地使用同一台电脑。

多使用快捷键

多使用快捷键,对于提升工作速度来说是必不可少的。但是似乎不少人都不能熟练使用，让我有些吃惊。例如，你是否能自如地使用下列快捷键呢（Windows 操作系统下）？

◎ [将一行文字向上或向下移动] Shift + Alt + 向上或向下的方向键

◎ [关闭窗口] Ctrl + W（按住 Ctrl 再按 W）

◎ [撤销] Ctrl + Z（默认是可以撤销 20 次）

◎ [反向撤销] Ctrl + Y

◎ [修改文件名] 选中文件按 F2

◎ [将邮件更改为未读状态] M（使用 Thunderbird[⑥] 时）

"一行字的上下移动"在 Word 和 PPT 中都是会频繁用到的快捷键。知道这个快捷键，可大大减少文章的编写和编辑所花费的精力。虽然这是使用频率最高的快捷键，但是不论是中小企业还是大型企业，很多员工都不知道它的存在。

在打开浏览器，收集了信息之后，为了关闭窗口，有不少人会特意去点击一下右上方的 × 按钮（关闭按钮），这也让我很惊讶。其实只需要按 Ctrl + W 就可以迅速关闭。将光标移动到页面的右上方大概需要花费多少时间？速度比较快的人大概要花费 1 秒，速度比较慢的人有时候会花费 2 秒以上。对于使用

---

⑥ 是由 Mozilla 浏览器的邮件功能部件所改造的邮件工具，专门为搭配 Mozilla Firefox 浏览器使用者所设计的邮件客户端软件。——编者注

Ctrl + W 就可以在零点几秒之内关闭窗口，却要花费好几秒钟去点击按钮并且毫不在意的人们来说，他们的工作中一定还有其他可以改善的地方。

在使用电脑的时候，有时候会不小心操作错误。例如删除了本来不该删除的内容，移动了本来不该移动的部分，这种时候 Ctrl + Z 这一组快捷键就非常有效了。因为可以撤销每一个步骤，所以我用得非常频繁。但是这么一来，如果一直不停地撤销，有时候又会撤销过头，这个时候可以使用 Ctrl + Y 反向撤销的快捷键。

我们常常在文件名中加入日期或修改，其实只需要按下 F2 键就可以马上修改，所以这个快捷键我也很常用。大部分人其实都是单击鼠标右键之后，在弹出的菜单中点击"重命名"再修改，对此我难以理解。基本上这样的人在大部分操作上都比较慢，单击右键要花费 2 秒钟，选择"重命名"还要花费 2 秒钟。重要的是，这样的人对电脑整体的操作都比较迟钝，所以他们制作文件和资料也非常花时间。

另外，还有以下这些十分常用的快捷键：

◎ [复制] Ctrl + C
◎ [剪切] Ctrl + X
◎ [粘贴] Ctrl + V

不用多说，这些都是非常重要的快捷键。我每次看到别人单击右键后再选择复制粘贴之类的功能,都会觉得这样的人完全没有提升工作速度的意识。

快捷键之所以存在,是为了"让不断反复的繁复操作变得更加便捷"。站在这个大原则上,亲自去筛选对自己最有用的快捷键,通过运用它们来提升工作效率。重要的是自己是否会认真地筛选和练习。在操作电脑的时候,哪怕只是零点几秒,也不应该有多余的操作,也不应该花费多余的时间,这都取决于你是否赞同这样的价值观。

有的人认为:"对于这些细枝末节的事不必太在意,应该专注于内容本身。"我希望他们能够认识到:通过不断积累这些细小琐碎的努力,你的工作速度会大幅提升。从结果上来说,就能够迅速地应用PDCA工具,对文件内容做出进一步的改进。

⑤将能够反复使用的文件保存在专用文件夹里

在工作中,我们必须制作大量的资料和用邮件来沟通。这时候对于这些资料和邮件,如果每次都从头开始写一遍的话,那么不管有多么充裕的时间也是不够的。我在桌面上建了一个"范本文件夹",哪怕只是部分内容,只要是可以反复使用的文件我都全部保存到这个文件夹里。

保存的方法如下,在使用PPT、Word、Excel等工具制作资料后,将文件名设定为"日期+资料名称",例如在2015年4月1日关于新事业的构想编写了一份文件时,我就会对文件设定一个"15-04-01 新事业构想"的文件名,保存到这份工作专用的文件夹里,同时复制一份到"范本文件夹"里。

几周后或者几个月后,当我需要制作一份内容比较近似的资料的时候,我就在"范本文件夹"里找到这份文件,加上最新的日期,并对其做出必要的修改。然后将新制作的文件放入该工作专用的文件夹,再复制一份到"范本文件夹"里。

通过这样的形式,我的"范本文件夹"里积累了多达几百个文件。每次重复使用的时候,我都会在一些细节上做出修改,文件本身的完整度会不断提升,或者是变成2~3种相关性质的衍生文件。

文件名的示例

文件(F) 编辑(E) 查看(V) 工具(T) 帮助(H)
组织▼　包含到库中▼　共享▼　新建文件夹
14-04-23 本质原因和解决对策的整理归纳
14-04-24 价值假设和发展假设示例 第二观点
14-04-28 调整问题和解决问题的方法
14-05-15 将4页合并为1页,从属性做设定
14-05-15 印刷设置
14-05-23 日美制造业大型企业的竞争能力变化
14-05-23 日美制造业大型企业的竞争能力变化
14-05-31 模板
14-06-04 名牌夹
14-06-07 英语的学习方法
14-06-09 以色列新VC预订率30%以上、英语邮件公开
14-07-15 数码健康设备的事业机会

关于邮件，上述的方法也是完全适用的，按照"日期+文件名"的形式保存。对于邮件，我建了一个"文例"文件夹，从中搜索需要的邮件。

⑥频繁地保存文件，避免死机后文件丢失

在提升工作速度方面，最为致命的就是花了许多时间制作的文件，因为操作上的失误而全部删除。如果不注意的话，有时候在紧要关头就真的会发生这样的事。有时候在即将发表演讲之前，文稿还差一点就全部完成的时候，偏偏PPT就失去了响应，最后新加入的几页PPT还没有保存就全部丢失了。那么为什么会发生这些让人头疼的问题呢？

原本办公软件的默认设定都是几分钟自动保存一次，但是偏偏就是在这个时候，因为某些原因自动保存的文件全部被错误地删除了。于是很多人又慌慌张张地在历史文件记录里寻找，却什么记录都找不到，因为沮丧而眼前发黑，我想不少人都有过类似的经验吧。当一个人粗心大意、慌慌张张、注意力散漫的时候，这大概就是上天施予他惩罚性的恶作剧吧。

在Windows系统下，从Windows 7开始，基本上操作系统都不会突然失去响应了。这确实是帮了大忙，但是即便如此，Word和PPT之类的软件还是偶尔会发生上述的问题。因此，在使用Word、PPT和Excel等软件写资料的时候，必须有意识地频繁地保存文件。按下Ctrl + S便能在瞬间保存。

当然，还有可能出现更加严重的问题，那就是死机。人们常说："电脑真的非常喜欢喝咖啡。"不知道为什么手肘不小心就会碰倒咖啡杯，或者是端着咖啡杯站在键盘前的时候手就突然滑了一下，确实偶尔会发生这样的事情。在办公室里，真的有人会大大咧咧地将装满水的马克杯直接从电脑的正上方递给同事，对于这种人必须格外注意。这种时候，我一定会迅速移开键盘。在飞机上办公的时候，空乘人员一般都会从电脑的正上方将饮料等递给旁边座位的乘客，这时候也需要特别小心。

因此，频繁地保存文档确实是很有必要的。虽然我也会定期地保存电脑的硬盘，但是除此以外，为了避免电脑死机后文件丢失，我会经常将制作中的文件通过 Gmail 发送到自己的邮箱。这样一来的话，就能彻底避免在截止时间前电脑突然出现故障而不知所措这种情况发生，因为可以从其他任何一台电脑上下载到同样的内容。Gmail 最大可以添加 30M 容量的附件，我觉得比保存在 USB 存储器更加快捷。

最近像 Dropbox 之类的云端存储服务也有很多人使用，但是在稳定性上还有一定程度的不足，我暂时没有使用。因为我从事的是咨询顾问这样保密度很高的工作，所以才没有使用，如果你的工作本身不太介意这一点的话，我觉得完全可以尝试。

⑦关掉网络，集中于编写工作

能否将写文件和资料的时间压缩到最短，除了上述我讲的所有方法以外，在很大程度上还取决于写文件时自己是否高度集中。因为不是机械性的工作，即使集中精力便可以在1个小时之内完成的文件，有时候花了好几个小时却还是没有任何进展，这种事情时有发生。虽然花了很多时间，但是写出来的文件质量却并不是很高。我常常见到许多人即使在其他环节再怎么努力，唯独制作文件和资料的效率低得可怜。

大概对有的人来说，即使有些小小的噪声也还能专心工作，而对有的人来说，哪怕只是听到了小小的噪声，就马上无法专心工作了。从我个人来说，为了制作说明书、提案、演讲要用的资料，几乎在所有环境中我都能集中精力去写，在地铁中也能旁若无人地专注于办公，在时间非常紧迫的时候，更是随时随地都能办公。

但是我在写博客和书籍时，却还是要花费漫长的时间。之所以说是"漫长"，是因为我无法集中精力，在拖延的过程中，时间也无情地流逝了。想要稍微推进一下写作进程的时候，不知不觉间一天就结束了。即使第二天想要抽出时间来写博客或写书的时候，又会因为其他事情而耽误了。基本上就是在这样的状态中，后来成为畅销书籍的《零秒思考》，从我签订合约开始，过了2年多才得以出版。实际上写书的时间主要是集中在最后的半年左右，给各位编辑造成了很大的困扰。这也是我不想继续拖延，拼命努力才得来的结果。

因为写博客和写书这样的事情是没有什么截止日期的，所以在这种情况下，我就特别容易拖延。从读小学开始我就一直不擅长写较长的文章，所以更加无法集中精力。

针对这个问题，我最推荐的方法是关闭网络，专注于写作。我自己家里的电脑是通过 LAN 或 Wi-Fi 随时都连接在网络上的，因此我每天会查看 20～30 次邮箱，除了参加会议的时间以外，几乎收到任何邮件都能够马上回复。由于邮件回复得很迅速，平时的工作速度也得到了很大的提升，很多人甚至惊讶于我能够如此快速地回复。当然还有其他很多好处，但是对于写博客和写书而言，却是一种致命性的妨碍，因为无论如何我都无法集中精力于写作。

当我在写这本书的时候，我每天会关掉网络好几次，每次 1 个小时左右。当我尝试集中精力在写作上时，确实比以前的进度加快了不少。当然在开会的时候我是不会回复邮件的，聚餐和睡觉的时候也不会有任何回复。这么看来在写博客和写书的时间里不回复任何邮件，其实也是类似的状态。因为原本我回复邮件的速度就已经很快了，在这个基础上稍微放慢一点速度，我想也比一般人快很多倍吧。博客和书都必须在相对比较完整的时间段里写，否则就会进展缓慢。

对于觉得自己"无法集中精力写文件和资料"的读者，我建议大家每天关闭网络几次，每次 1 个小时左右，然后心无旁骛地写作。过了 1 个小时之后，可以再次连上网络，如果有必要的话，就回复邮件，然后再将网络关闭 1 小时。这样的话就能完全地避免干扰因素,就如同自己正在开会一般,迅速地专注于眼前的工作。

除了回复邮件以外,有的上司还要时常应对员工的提问。我建议哪怕只是1个小时也好,自己一个人待在一间小房间里,专注于自己的工作就可以了,就当作自己正在参加一场会议,对员工不需要有任何抱歉的心理。在这个时间段内关闭网络,就算手机收到了短信,如果不是特别紧急的内容,当然也就不用回复了。

4.3　如何高效举行会议

①将所有的会议时间减少一半

如果你的职位在某种程度上可以改变公司或者是部门的工作方式，那么我建议你从今天开始就将公司所有会议的时间减少到一半。

至今为止，我参加了许多企业的大大小小的各类会议，不论是怎样的公司，不论是怎样的部门，会议的效率都是极其低下的。发言很少，每次发言的间隔很长，经常会白白浪费时间。社长或者是在场的负责人本来应当主动地掌控会议的走向，但是不知道为什么，参会者都非常客气地等待其他人先发言。或者是某个参会人独自发表起了长篇大论，而其他人都觉得很无聊。

就算发言不够简洁，来来回回地兜圈子，或者和会议的议题发生了偏差，在场的负责人也几乎不会提出任何建议。全场所有的人都只能闷不作声地听。另外，就算制定好了议题，对于要达成的目标和达成的深度却不清楚的会议也不在少数。总之就是一群人聚在一起，可有可无地讨论罢了。即便是对公司来说最耗费成本、最重要的经营会议，会议内容也有问题。与其说是会议，不如说是社长自我展示的舞台。

当我经历了无数次这样的会议之后，我开始思考，应该通过某种方式来提高会议的效率。除了明确议题、准备说明资料以外，我认为将会议时间减少到一半这点尤其重要，于是在可能的范围之内我开始实践这一想法。

2小时的会议减少到1小时，1小时的会议减少到30分钟，30分钟的会议减少到15分钟。当我实践后才发现这一做法完全可行，参会人员发言的次数反而增加了。平时不怎么发言的人也开始主动发言了，实践的结果令人非常高兴。最重要的是，比平时任何时候都能提前结束会议，让人心里倍感轻松。会议提前结束之后，还会有一些参会人员开始交换意见和信息。

如果你是一名经营者，或者是一名高层管理者，那么可以立刻开始将会议时间全部减少一半。我估计没有什么人会反对，因为员工是最害怕长时间的会议和低效率的人。如果你不是经营者的话，请你务必要说服自己的上司，采取实际的行动。

如果要进一步推进会议改革，可以安排一位"会议高效推进负责人"。从会议中发言时间的比例来看，常常都会出现没有任何发言的"间隔"。然后要明确每个人的发言到底是提问、意见，还是个人的感想，这样的发言和会议的推进以及目的是否吻合。如果明确了每次发言所花费的时间，那么哪些人特别喜欢发表长篇大论也会变得一目了然。

我曾经提供咨询服务的某家企业，现在引入了"5分钟会议""10分钟会议""15分钟会议"这样的制度，以分钟为单位，简单明了地讨论，然后迅速地采取相应的对策。当然肯定也有更长一些的会议，但是一旦习惯了简短的会议之后，发言的长度和频率都会增加，于是讨论的速度也会有大幅度的提升。

②将会议的次数和出席人数减少到一半

会议的改善并非局限于将时间减少到一半。

越是大型企业，召开会议的次数就越多，而且内容上会有很多重复的部分，或者是将可以归纳在一起讨论的事情分成好几次会议。明明做出决定后，采取相应对策就可以得出成果的事情，非要经过事前讨论会、第一次讨论会、第二次讨论会、期中报告会、最终报告会的事前讨论会、最终报告会等烦冗的流程。其实完全可以将这些会议的数量减少到一半。会议的数量不断增加，每半年就应该清理一次，将数量减少到一半。而且现在会议的大部分内容都是寻求一时的安慰，而将最终的决策时间不断延后。在这样的会议中难以产生新产品和新服务，更别说取得成功了。

此外，将参加会议的人数缩减到最低限度，对于快速地推进工作，也是一个非常重要的因素。日本企业的会议常常没有一个明确的会议目的，包括那些不发言的人在内，参会人员的数量非常庞大。换句话说,这就是一场许多人为了互相交换信息的会议罢了。将参会人员的人数压缩到最小限度,那么会议的总时间、总成本都能大幅地减少。自己和员工的工作效率也会大大提高。

有不少人认为通过会议来交换信息是一件很重要的事,但其实很多资料通过邮件共享也是完全可行的。大家各自看完资料,如果有问题的话就在公司内部的网站上提出来就行了。像每个月的早会这类员工都到场的场合中做重大发言,在这个时候回答大家的提问当然是非常有效的,但是大多数的会议内容并没有重要到那样的程度,基本上各自看看资料就足够了。

出席会议的人员越少,从积极的角度来看,大家的紧张感会增加,更能形成一次有意义的会议。如果只有3～5个人参加会议,那么每个人都必须非常认真地参与讨论才行,对别人的发言也能认真倾听,避免遗漏。如果有20个人参加会议,那么每个人的精神必然会相对比较松懈。

要将会议的次数和参会人员的人数压缩到最小限度,那么将会议成本公开,在某种程度上也是一种有效的手段。将包含每个职位福利待遇在内的每小时费用,用Excel制作成一张表格,然后输入出席会议人员的职位、人数、会议时间,那么马上就可以计算出和会议相关的总费用了。在每次召集员工参加会议之前,公开这样的会议成本就行了。

③迅速高效地推进会议中的讨论

一旦培养出了在会议中迅速高效地推进讨论的能力,那么工作速度就会急剧加快,并且也会越来越顺利。基本的方法如下所示:

◎ 让参会人员逐一发表自己的看法
◎ 对持有不同观点的人的发言要特别强调和引导
◎ 不要认为发言人的声音越大就越好,要从内容上判断
◎ 尊重他人的发言
◎ 如果意见有冲突,确认相同点,整理不同点
◎ 如果讨论的主题发生了偏移,就引导大家回到同一个范围内讨论

要让参加会议的人员都能主动发言,必须从平时就有意识地观察他人具有怎样的问题,并认真去理解。这样一来,对于如何让某人主动开口发言,就能找到一定的头绪了。如果觉得最初的讨论氛围不太热烈,可以由会议负责人来主动提出问题,活跃气氛。每次发言之后都要确认一下发言内容,让发言人有种"大家都在认真听我发言"的欣慰感,然后进一步推进讨论。

要特别强调和引导持有不同观点的人的发言,可以在希望让对方发言的范围内,提出相关的问题。事先要思考这个人的

观点和其他人有什么不同，感觉会从什么角度来发言，然后再巧妙地加以引导。未必所有的人都喜欢被点名发言，如果希望对方在会上发言，最好还是在开会前就礼貌地通知一声。

不要认为发言人的声音越大就越好，要从内容上判断。我们要随时找出发言内容的本质，关注对方是以怎样的目的、有怎样的根据才会做出这样的发言。不要在意发言的音量大小，当然音量大小的判断标准也只有自己才知道。

要做到尊重他人的发言，就不应该在意见矛盾的时候觉得麻烦，也不应该将不同的意见勉强归纳成一条意见。这样折中的态度，从比较全面的视角归纳整理意见是非常有效的。如果意见发生了冲突，那么首先确认共同点。即使看起来两人的意见完全不同，但是只要静下心来仔细思考，几乎都能找到不少共同点，然后一一确认这些共同点。这样一来，意见相反的两个人也会变得比较冷静，警戒心也会相对松懈一些。在这样的基础上再来确认不同点。对于不同点，与其说是黑与白、左与右这样无法融合的差异，很多时候倒不如说是因为前提条件不同，而导致结论不同而已。因此在确认不同点的时候，首先要确认前提条件，在此基础上再整理双方主张的本质区别。在这样的过程中，常常就会意识到：双方的想法其实基本上是相同的，也没有任何利害关系，只是因为些许的差异而引起感情上的对立，仅此而已。

讨论的主题经常会发生偏移，例如A君说的是减少成本的话题，B君说的是开发新顾客的话题，两人发言的范围出现了偏差。直到最后，他们也没有彻底表达出来自己想要表达的意思，而只是止步于比较浅显的事例，所以实际上从根本上来说，两人讨论的完全是不同的话题，而这一点在会场上往往难以被迅速地察觉到。为了让会议顺利地推进，应当随时注意发言者真正想要表达的内容是什么，现在是通过怎样的表达方式在发言，其目的又是什么，自己只需要不断地思考这些因素就可以了。

通过上述努力，自己亲自参与并加以引导的会议，其推进效率有可能提高好几倍。

④白板可以让会议的效率提高数倍

只要在会议中灵活使用白板，那么会议的速度就一定能加快好几倍。如果让我来主持一场会议，这场会议中需要大家相互交换意见并最后做出决策，那么开会时我一定会使用白板。

会议中常见的问题如下所示：

◎ 讨论有的主题的时候，对话很容易发生偏差。大家各自说了想说的内容，然后会议就结束了

◎ 虽然花了不少时间，但是最终没有做出任何决策，由谁在什么时间之前完成什么工作，这些因素仍然不明确。或者即使做出了决策也还是有遗漏

◎ 无法明确论点上的偏差，讨论没有交集，呈现出平行线的状态

因为每个人各自的目的意识都不同，大家也没有接受过什么专业训练，所以才无法做出决策性和实践推进型的讨论。

最近很多公司都在会议室里添置了白板，有不少人也想试用一下，但是：

◎ 想要在白板上写点什么，却无法理解发言者到底说了些什么（很多时候是没有弄明白对方实际想要表达的意思）
◎ 站在白板前面，不知道该以怎样的方式推进会议
◎ 当讨论内容比较松散的时候，希望在白板上归纳，但是大家不怎么积极配合，仍然是各自为政

常常会出现上述局面，导致难以灵活地运用白板。我认为在几个人的小会议时，在白板上写写画画是比较常见的。而且每个人的字体都不同，常常让他人觉得难以阅读。因为没有归纳后再写到白板上的意识，就算站在白板跟前，也只是一边发言，一边写下两三个关键词，或者是潦草地画一些示意图而已。写完之后再回头来看，也完全不明白讨论的过程是怎样的。即便是参加了会议的人回头来看白板上留下来的内容，也很难归

纳出到底讨论了什么，到底做了什么决定。

在高效率推进会议方面，白板能够成为更有用处的工具。如果能够灵活使用，大家的发言也会更加踊跃，议题能够归纳得更全面，顺利地达成一致意见。并且在会议结束的时候，会议纪要也基本上已经自动形成了，不会留下谁说过什么话、谁没有说过之类模糊不清的记忆。为了做到这一点：

◎ 由会议负责人在白板上书写
◎ 不要自行随意归纳，尽量将发言的内容如实地记录下来
◎ 不太明白的时候，要坦率地再次确认，然后写下来
◎ 归纳要点，补充完善
◎ 用手指着记录下来的内容，向本人确认
◎ 整理议题和将要采取的行动
◎ 关于论点上的偏差，要当场通过图示的方式说明相同点和不同点

以上就是使用白板的要点。

由会议负责人在白板上书写

虽然有时候还是能见到在会议中由记录人在白板上记录的情形，但最好是由会议负责人亲自写。因为白板是引导会议走向的最有效的武器，不应该交给其他人，而应该在引导讨论的同时，

由会议负责人亲自书写。对于比较复杂的讨论，要让所有人员的注意力都集中到白板上，确认每个人的发言，整理归纳议题。当大家把所有的意见都提出来之后，围绕需要采取的行动，达成一致意见。通过这样的方式，能够彻底吸取大家的意见，最终就能形成由谁在什么时间前完成怎样的任务这样的意见。

不要自行随意归纳，尽量将发言的内容如实地记录下来

会议负责人不能将参会人员的发言想当然地归纳下来，而应当如实地记录。虽然我参加过很多次使用白板的会议，但是几乎所有的会议中，参会人员发言结束后，负责人就会在白板上记录几个关键词。这样一来对发言内容的理解就会变得很不全面。

为了避免这一点，应当尽量如实地记录下发言人的发言。为了达到这个效果，需要非常迅速地记录，如果按照52页所介绍的"A4纸做笔记法"实践，反复练习在1分钟内做笔记，那么速记并不是太难的事。

当然，将口语改为书面用语的话，发言的内容就能更加正确地反映在白板上，参会人员全体都能清楚地明白讨论的进度，反复提出同一个论点的人和不停重提旧论点的人也基本上会消失不见。如果有人重复同一个论点，那么可以用手指着白板上的记录给对方看，并提醒对方，那么对方一般都能迅速地理解。

"将发言的内容如实地记录下来"，这样的方法虽然比较独特，对于提升会议的推进速度以及实质性的讨论都是非常有效的，我希望读者一定要尝试一下。

可能最开始的时候觉得一边听一边记录很有难度，但其实在听完所有的发言内容之后再记录下要点，就需要记住所有的发言内容，这反而更加困难，因为大多数人的发言都是比较冗长的。

我个人推荐的方法如下：一边听一边努力做好记录和归纳，发言人当然也会看到白板上的内容，他的发言本身也会渐渐地变得更加简练和准确。这确实很不可思议。当人们有种"大家都在听我发言"的感觉的时候，就会减少冗长的发言，这是因为"无法将自己的思考彻底转达给他人"的失落感减少了。

不太明白的时候，要坦率地再次确认，然后写下来

对于有的发言内容，可能还会出现不太理解或者是听不懂的情况。这种情况下，应当坦率地再次追问。因为会议负责人将所有的内容都认真地记录在白板上，所以一般大家都会诚心诚意地做出简单易懂的说明。

归纳要点，补充完善

实际上这一点中隐藏了一个很大的秘密。"将发言内容尽量如实记录下来"的时候，我会推测出对方想要说的内容，然后代替发言人简单易懂地记录下来。能够清楚表达自己意见的人毕竟是少数，大部分人的发言都有重复的部分，或者使用的词汇不太恰当，或者和自己想要表达的意思相反。

这时候，在倾听的同时要迅速理解对方想要说什么，然后代替发言人归纳出简单易懂的语句，并记录在白板上。这并不是要曲解发言人的发言内容，而是将他想说没能说出口的意见归纳出来，然后稍加修改，以简单易懂的语句记录下来。

在这个过程中，发言人想要表达的意思（实际口头上只表达出了70%左右的内容）就能够更加完整地反映在白板上，发言人自己也会很满意这样的板书。

对于有的人来说，虽然急切地想要将头脑中浮现的内容传达给他人，但就是说不出恰当的语句。这种时候，我常常会主动向对方确认："你是想表达这个意思吗？"然后将这个内容记录在白板上，直白地传达给大家，进一步引导会议的走向。重点在于，在白板上不能只记录下发言内容，而要将他人想说但是没有说出口的内容高度归纳后加以补充，再反复确认对方的发言内容。

用手指着记录下来的内容，向本人确认

在记录发言的时候，用手指着该内容，向发言人本人询问："你想说的就是这个内容对吧？这样写可以吗？"一旦养成确认的习惯，几乎可以彻底避免记录上的遗漏，而且归纳并补充了发言要点，这个时候发言人会非常高兴地不停点头："我想说的就是这个意思！"不仅仅是发言人本身，参会人员整体的理解也会有所加深，对讨论的集中度也会提高。

整理议题和将要采取的行动

如果将会议交给参会人员引导，那么讨论就会越来越松散，基本上无法彻底地归纳出议题，也无法在将要采取的行动上达成一致意见。就算有这样的可能性，也是因为大家在开了几个小时会后疲惫不已，为了结束会议而归纳和达成一致意见。

为了避免这一点，会议负责人应当有意识地围绕议题和对问题的认识来引导发言，当所有的人都发言之后，就必须主动提出："那么议题的讨论就到此为止，接下来让我们来讨论一下将要采取的行动吧。"

关于论点上的偏差，要当场通过图示的方式说明相同点和不同点

发言人之间的意见常常会有冲突，这时候应当首先确认两个人发言的共同点，在此基础上再确认不同点。大多数时候，发生争吵的两个人之间其实存在不少共同点，只是由于很小的不同点而采用了过激的言辞，这样的现象也是比较常见的。

这时候可以在白板的右下方通过表格的形式将双方的意见整理一下。将两人的姓名并排写下来，左侧写下是关于什么观点的讨论，然后将内容填进去。先写共同点，然后再追加不同点，这样写出来的表格就非常清晰。

将板书拍照作为会议纪要

如果将上述方法全部都实践了一遍之后,在会议结束的时候,会议纪要也自动生成了。用智能手机给板书拍照,然后将照片发给所有的参会人员。

另外可能有的人会担心会议比较长、发言人数比较多的时候,白板上会不会出现写不下的情况。其实如果从一开始就有计划地将所有内容尽量归纳到一张白板上的话,那么基本上没有什么问题(当然最好是使用1.8米宽的白板)。归根结底,时间较长、出席人数又较多的会议,其工作效率本来就比较低,综上所述,我并不推崇这样的会议。

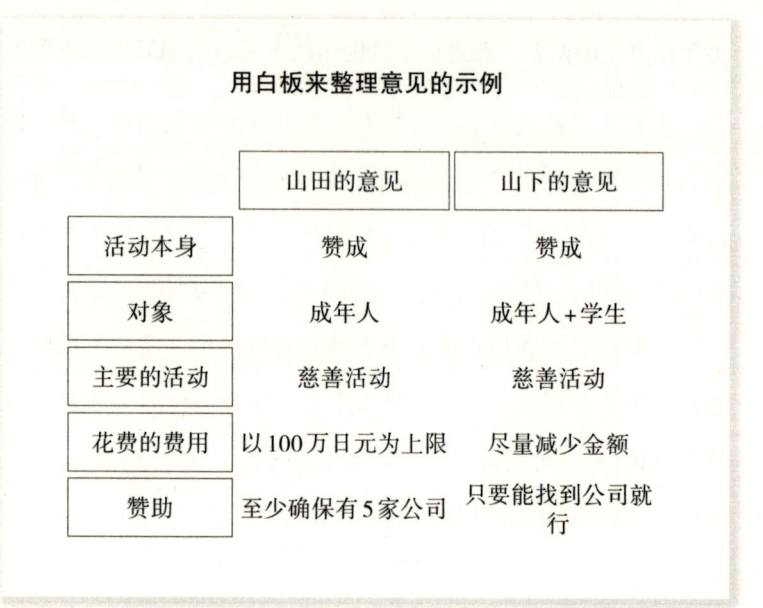

用白板来整理意见的示例

	山田的意见	山下的意见
活动本身	赞成	赞成
对象	成年人	成年人+学生
主要的活动	慈善活动	慈善活动
花费的费用	以100万日元为上限	尽量减少金额
赞助	至少确保有5家公司	只要能找到公司就行

白板笔的选择也有讲究

要想灵活运用白板，白板笔也是一个关键。我最喜欢用的笔是"飞行员"牌（墨水笔芯式）的中号白板笔。在办公室里我常备了2只黑笔、2只红笔、1只蓝笔和5管以上的笔芯。虽然也有粗号、小号的白板笔，但是我推荐中号笔，因为如果字体太粗的话，就无法写出较细的笔迹；但如果是太细的笔迹，又不方便阅读。

这种白板笔最大的特征就是采用了墨水笔芯，所以直到墨水用完，书写的笔迹都会很清晰，用完后只需要更换笔芯就可以了。此外，如果批量购买笔芯的话，每一管只需要不到60日元，真是非常便宜。

我们经常都会遇到白板笔的墨水越来越少，书写的笔迹也越来越淡的情况，并且由于不怎么出墨水了，很多时候大家会特意写两遍，或者是写到一半就得换笔而大大降低了书写的速度，而且拍照的时候也不够清晰。有不少人都是若无其事地使用这种已经淡得几乎快看不清的白板笔，板书上的笔迹几乎难以辨认。我只要发现有快要用完的白板笔，就会全部扔掉。

正确使用白板笔的话，会议的效率就会发生巨大的改变。作为顺利推进会议的手段，白板笔对我来说是一个非常重要的小道具。我让许多客户企业也准备了不少这样的白板笔。

4.4 掌握了写邮件的技巧，就掌握了时间

① 收到邮件后必须立刻回信

未读邮件越来越多的时候，往往会进入恶性循环，最好是收到邮件后就立刻回信。从我个人来说，在开会的时候当然不会做出任何回复，但是一旦回到自己的办公室，或者是在公司外面开会结束后返回公司的途中的时候，我都会查看20～30次邮箱并迅速地回信。虽然比较花时间，但是不及时回复邮件的话，之后的工作会变得更加复杂，所以我一直坚持及时回复。

如果能够坚持迅速回复邮件，工作的速度就会有很大的提升。迅速回复邮件之后，对方也会迅速地再次回复邮件或提问，在极短的时间之内就完成了一次沟通。此外，对方常常因为我回信太快而惊讶不已，而且也能感受到我的热情和诚意。

要想迅速并且出色地回复邮件，除了为人处世外还有以下的要点：

◎ 选择接收邮件的软件

◎ 文件夹的分类

◎ 不要设置优先顺序

◎ 提高写邮件的速度

◎ 对于比较复杂的邮件内容，留到第二天早上再发送

对于邮件接收软件，我使用的是 Thunderbird。虽然以前也用过 Outlook Express，但是收件箱很容易出故障，很早以前我就换成 Thunderbird 了。当然按照个人的喜好来选择邮件接收软件是没有任何问题的，但是有一点需要注意，最好是选择能够将每一封邮件的附件单独保存到文件夹里的软件。

虽然我常常见到别人将收件箱分成不同的文件夹，但我自己没有这样做。如果分成不同的文件夹，要查找什么内容的时候就得一个一个打开，很花时间，有时候还有可能因为忘记查看而没能回复重要的邮件。

虽然也有人会按照优先顺序回复邮件，但我没有刻意去这样做。因为我觉得从头开始回复不会产生遗漏，而且提高了回复效率。

还有不少人会花很多时间在写邮件上，对于这一点，我认为很有必要通过练习和实践，从根本上提升书写速度。因为就如标题所述："掌握了写邮件的技巧，就掌握了时间。"如果按照52页所推荐的记笔记法写了1000页以上（需要花费几个月的时间）的笔记时，邮件的回复速度也能得到很大的提升，除了

能够迅速理解对方的要求以外，还能瞬间想到出该如何回信。

写好的回信内容如果比较简单，那么可以马上点击发送键发送。如果邮件的内容比较复杂，那就暂时先别急着发送，最好是等到第二天早上，或者至少等待10分钟，反复审视邮件内容之后再发送。否则匆忙发送之后，才想起来："糟了！忘了写那个重要的内容了！"虽然不少人在书写比较复杂的邮件时，都会花费很多时间，但是随着写邮件次数的增加，以及通过反复练习"做笔记法"，在渐渐熟悉了这个过程之后，就能非常流畅而迅速地写邮件了。

②对于难以开口的邮件内容，也要迅速回复

如果只是单纯的业务联络类的邮件，一般都很容易写。但是能迅速地书写内容比较难以开口的邮件，对于提升工作的速度是至关重要的。

在平时的工作中，普通的邮件原本只需要5分钟就可以写完，但是磨磨蹭蹭就花了30分钟，然后因为各种因素又拖延到1个小时，你是否也常常遇到这种情况呢？如果要委托别人办理比较复杂的业务，或者要传达一些让人不快的要求，类似这种情况下似乎有不少人都会花费大量的时间在写邮件上面。到底在烦恼什么？为什么烦恼？这样的烦恼本身有意义吗？对于想要传达的信息是否会毫无意义地犹豫再三？此时，想要传达的信息本身是相对比较明确的，但是由于不希望直白地传达消极

的信息给对方，所以才会浪费了不少时间。

　　暧昧不明地传达信息，并不意味着有效地传达了信息。倒不如说因为优柔寡断，反而常常会带来负面效果。因此对于比较消极的内容，也必须养成坦率直言的习惯。因为没有清楚地传达给对方，反倒会引起更大的麻烦。

　　做不到这一点的人，并不就是所谓的好人，或者是很善良的人。他们只是单纯地"无法将应该传达的信息冷静沉着地传达给他人"罢了。或许这样的人只是"摆出自己很善良的样子，满脸堆笑"而已。这种状态下工作是不会有任何进展的。该说的话就要说，该传达的信息就要坦率地传达。

　　对于想要提高工作速度的人来说，即使是难以说出口的内容也要迅速而坦率地写进邮件。必须坚持做到这一点。

　　最初的时候确实觉得难以下笔，但是一直坚持多写几次后就会渐渐习惯了。以往尽量回避的事情，现在也不可思议地习惯了。当然在最开始接触这类邮件的时候，最好是让自己信赖的朋友看一看邮件正文，确认一下用词是否妥当，说明是否充分，是否会引起对方情绪上不必要的反感，然后再点击发送。让朋友看过几次之后，应对这种类型邮件的能力也会有所提高。擅长用邮件沟通的人，其工作能力一般也不错，除了邮件以外还可以顺便学习一下他们的工作方法。

　　对于"无论如何也不好意思直白地把信息传达给对方"的人，我建议可以这样思考：太顾及对方的情绪而无法将信息准确地传达给对方,如果对方因此而陷入了更加糟糕的境地,又该如何收场呢?对方会觉得更加困扰,承受更大的损失。不论是对方有问题还是自己有问题,为了将损失降低到最低限度,我们都应当把需要传达的信息用非常妥当的语句坦率地传达给对方。这既是一种礼仪,也是为了迅速推进工作的一种智慧。

但是由于自己的过错而造成对方损失的时候,最好是能够当面道歉和谢罪。无法当面道歉的话就只能通过邮件的方式道歉,这种时候与其反复修改邮件内容,倒不如以真挚的态度,非常诚恳地告诉对方今后一定万分注意,避免再次发生类似的问题。道歉本身是必不可少的,不能因为个人情绪而回避。

③对于复杂的内容,应当直接沟通

不是任何事情都要通过邮件解决。比起邮件,有时候直接对话会更加有效,并且解决问题的速度也会更快。例如下面这些情况:

- ◎ 问题的情况、背景都很复杂,如果用邮件传达可能要写出长篇大论
- ◎ 通过邮件反而可能导致误解产生的时候
- ◎ 虽然自己觉得写封邮件就可以解决问题,但是对方却不这么认为,甚至会变得有些恼怒
- ◎ 委托对方做一些事情的时候

◎ 直接对话的时候很顺利，一旦用邮件，对方就变得有些吹毛求疵的时候

第一种情况，如果不写一封很长的邮件，就无法将问题的状况和背景彻底地传达给对方。当然只花10分钟是不可能写完这封邮件的，至少也要花1个小时。写邮件本身就已经很复杂，对方阅读邮件也要花很多时间，因为是邮件，阅读的时候有什么问题也无法马上提问。这种情况下，最好是能够直接对话，然后再将参考资料通过邮件发送给对方。

第二种情况，不一定要写很长的邮件，但是不论怎么说明，对方都可能产生误解，这种可能性非常高。这是因为说明的内容本身比较模糊，或者是解释对象自身的立场不明确。在回答问题的时候，如果不按照先后顺序说明的话，就会出现理解上的偏差。这种时候不要完全依赖邮件，直接面带微笑地向对方说明便能够迅速地推进工作了。

第三种情况，自我感觉没什么问题，然后向对方发送了邮件，但是不知道为什么对方竟然变得有些恼怒。这时候如果再通过邮件辩驳，或者是增加一些复杂的说明，只会让问题更加恶化。这时最好是停止邮件沟通，直接见面开诚布公地交谈。如果能见面的话，最好是当面对话，如果不能见面的话，至少可以用Skype等软件在线视频对话。这样一来就能进一步避免产生龃龉。

第四种情况的委托，是指希望对方帮忙寄资料，或者希望

对方出席会议等。比较简单的委托内容可以采用邮件，但是委托内容比较复杂时，比起邮件，直接交谈能够更加迅速地推进工作。如果用邮件委托一些事情的时候，对方常常会觉得不快。如果不确定的话，还是见面后直接委托对方更加稳妥。

第五种情况，是一种很难判断、非常深奥的问题。写邮件的时候，一个人的性格有可能发生变化，据说一般每10个人里就有1人有这样的特质。有的人平时说话的时候也没有什么特别的问题，甚至还可以相约去喝一杯，但是一旦开始写邮件，就会变成非常恭敬，或是莫名其妙地变得很有攻击性，或者变得吹毛求疵。或许这就有点类似在匿名的媒体平台上，完全像换了一个人一般发表评论。对于这样的人，只能当面交谈。

④登记200～300个用户词汇

要想大幅提升书写邮件和文件的速度，登记用户词汇是关键。登记10～20个词汇意义不大，最好是登记200～300个用户词汇，那么输入的速度就会快得惊人，让人愉快轻松地工作。

或许任何人都考虑过登记用户词汇这件事，但在登记了用户词汇之后，该如何迅速地想起这些词汇并灵活运用，这才是重点。我花了很多精力去思考它的使用方法，最后得出了如下的结论。虽然可以按照自己的喜好不断地登记新的词汇，但是按照严格的规则，便能更加准确地登记词汇并加以使用。

◎ 对于频繁使用的特殊词汇，只需要登记第一个字。可以登记60多种
  ・例1："赤"→赤羽雄二
  ・例2："P"→PPT
  ・例3："G"→@gmail.com

◎ 一般情况下，只登记前面两个字
  ・例4："早上"→早上好
  ・例5："请多"→请多关照
  ・例6："新年"→新年快乐
  ・例7："09"→自己的手机号码
  ・例8："链接"→公司的网址

◎ 如果前面两个字无法准确识别时，就使用第一个字＋第三个字的模式来登记
  ・例9："非感"→非常感谢（因为如果登记"非常"的话，就无法识别）

◎ 当第一个字＋第三个字也无法识别的时候，就登记前面三个字
  ・例10："创业家"→创业家精神（"创家"无法识别）

◎ 对于四字常用语，登记第一个字和第三个字
  · 例11："经会"→经营会议

◎ 如果要频繁地给两个人发信息，就使用第一个人人名前面两个字＋第二个人人名的第一个字的模式来登记（这样几乎就能完全避免重复）
  · 例12："田中新"→田中君、新崎君
  · 例13："山下久"→山下君、久野女士

◎ 按照以上规则，周的表达方式是周几的"几"＋括号的"括"
  · 例14："日括"→（周日）
  · 例15："一括"→（周一）

◎ 常用的邮件地址，则使用"这个人的人名的前一到两个字＋@"
  · 例16："王@"→wangle@b-t-partners.com

◎ 邮件地址模板则采用"对方公司名称或项目名称的前一到两个字+@"
  · 例17："SA@"→SABCproject@○○.com

对于含有生僻字的人名或者是辞典里面也没有记载的词汇，如果觉得还会使用那么也要登记。

我最初也只是单纯地登记人名，但是渐渐地注意到除了人名其实连语句也可以登记。这样一来，输入就变得更简单了。我一直坚持登记各类词汇和语句，写邮件和资料的速度大幅提高，输入也轻松了许多。只需要按下少量的几个字母，就能开始编写，内心感到很舒畅。这不仅仅提高了工作速度，让写邮件本身也变得让人愉快。

⑤将邮件按照类型和日期先后顺序统一保存

我按照提供咨询服务的对象企业和主题分类，设置了多个文件夹，将收发的邮件、PPT文件、PDF文件、图片、URL超链接等统一保存在里面，然后将这些文件夹以容易查找的方式放在电脑的桌面上。

我除了设置会议等非常事务性的邮件以外，在所有的文件上都要加上日期再保存。通过这个步骤，之后在工作中需要的时候便能在几秒钟内搜索到。我们经常都需要确认在什么时候发生了什么事，或者是基于以往的邮件内容来决定将要采取的行动。保存一封邮件只需要十几秒钟，虽然有些麻烦，但是过去的10年我一直都在坚持这样的整理。

在文件夹里除了邮件以外，还可以将沟通时使用的PPT文件、PDF文件、图片、URL等信息也全部加上日期，保存在一起。

在文件夹里统一保存的理由就在于此——能够在几秒钟之内迅速地确认以往的经历。

但是，这种将每封邮件都保存在文件夹里的方法并不适用于 Gmail 等网页类型的邮箱。虽然感觉网页类型邮箱的搜索速度和精度都要更好一些，但是无法将邮件保存在文件夹里，并且每次使用时都必须连上网，对我来说有些不方便。平时主要使用 Gmail 的人无法将邮件保存在个人的文件夹里，我希望能够找到解决方法。

保存邮件的方法

我会先按如下方式处理邮件，然后保存。

◎ 将 Thunderbird 的收件箱和已读邮件箱中的某个邮件移动到桌面上（于是就生成了 Thunderbird 文件夹）

◎ 按住 F2 键，便可以修改文件名

◎ 将光标移动到文件名的左端，切换输入法，输入"r+空格"（用户词汇中"r+空格"被设置为自动显示日期）

◎ 那么该文件名就会变成"14-12-01 采访结果报告"这样一个文件名

◎ 很多时候对于别人发来的邮件，或收到的邮件，我都会加上日期

· 例：14-12-01（山田君）采访结果报告

- 例：14-12-01（发给山田君）对采访结果报告的反馈
◎ 然后又移动至这个文件所在的邮箱文件夹

日期一定要写在文件名的左端

关于日期的表达方式，上述示例中我采用的是"15-04-01"这样的形式。这是我反复尝试后的成果，容易看清楚，字数又相对比较少。它比"2015-04-01"更加简洁，但是又比"150401"更容易看清。当然日期的形式上也有个人的偏好，但是我向所有的团队成员说明了理由之后，请所有人都统一采用这样的日期表达方式。

日期在每天凌晨0点之后，一般只有一个数字会发生改变。例如在刚刚进入2015年4月2日的时候，正好要修改一个文件名，首先使用"r"快捷键修改，就会显示"15-04-01"，此时只需要删除"1"改成"2"就变成了"15-04-02"。只需要2~3秒就完成了日期的变更。

有不少人不是将日期写在文件名的左端，而是放在末尾，我认为放在左端比较好。这是因为按照时间顺序来排列文件夹内的文件时，如果以日期开头，排列后的效果会更加清晰明了，便于查找。邮件的标题是千差万别的，并且要记住收发数量庞大的邮件和文件标题，也是完全不可能的事。这样一来我们只能依赖搜索功能。如果使用汉字来搜索的话，文件的排列方式也会变得非常混乱。

⑥邮件也应当保存在范文文件夹里

在编写邮件并发送之后,如果觉得这封邮件今后还可以用于委托、告知、说明等用途,就应该保存在"范文文件夹"里。这个文件夹与按照提供咨询服务的对象企业和主题来分类的文件夹有所不同。

例如,在2015年2月4日向山下发送了一封以"说明方法的改善"为标题的邮件,将邮件名修改为

15-02-04 说明方法的改善

然后保存到"范文文件夹"。如果需要明确当时的收信人是谁,那么可以改为

15-02-04(发给山下)说明方法的改善

因为使用"r"快捷键可以自动显示日期,所以很方便。

通过这个步骤,可以重复利用的邮件便可以按照日期先后顺序全部放进同一个文件夹。需要查找的时候,马上就可以找到并使用。如果在几天或者几个月后需要再次使用的话,那么可以进一步修改完善,并再次保存到范文文件夹里。在这个过

程中对邮件内容也会更加熟悉，写出更加优秀的邮件。

在重复利用的时候需要注意以下要点。虽说是重复利用，但是每次用于新的场合时，还是需要考虑收件人的各种因素，为了以防万一要将邮件正文全部检查一遍。即便如此也不会花费太多的时间，比起重写，大概只需要花费10%～20%的时间。通过不断的修改，邮件的内容也会逐渐完善。即使在检查了一遍之后就直接发给他人，其速度也是快得惊人。

基于同样的想法，我将想要保存的网页、博客等也制作成了URL超链接，然后按照主题保存在不同的文件夹里。对于使用PPT、Word、Excel等软件制作的文件，如果能够重复利用的话，也可以全部保存在一起。因为能够统一保存，所以我觉得比印象笔记之类的应用程序还要便捷。

⑦区别使用邮件发送清单和社交软件

灵活使用邮件发送清单和建立讨论小组

我想有不少读者都同时参加了许多团队和项目。对于包含所有成员的团队和项目，大家能否迅速地设置团队和项目各自的邮件发送清单和建立讨论小组呢？

通过邮件发送清单和建立讨论小组这样的网络工具，成员之间的沟通会变得更加顺畅。团队和项目的目的以及进度过程、推进方法的重点等，都能得到充分共享，推进工作的过程中也避免了不少分歧。这样的工具能够避免特定的成员之间才能共享信息的问题，或者是工作推进到一半时，大家对于某件事的记忆变得模糊或不一致的问题，工作也因此得到快速推进。

不知道该把邮件发给谁，或者忘记将邮件抄送给某人，类似这样的状况也会减少许多。虽然忘记将邮件抄送给某人一般都不是有意的，但还是有人会比较介意，所以有这些工具就可以防患未然。对于学生和20来岁的年轻人组成的团队和项目中，邮件发送清单和建立讨论小组一般在项目启动时就已经设置好了，大家能够很自由地沟通，但如果是30多岁成员的团队的话，许多人对这些工具都还不够熟悉。

到底是选择邮件发送清单，还是选择Facebook小组或者是LINE等软件，某种程度上可以按照偏好来决定。但是我个人的建议如下：从文件、相关报道之类的统一管理和保存的方便程度、搜索的速度以及网络不稳定时使用的方便程度等方面来看，我认为以邮件发送清单为主，以Facebook小组为辅的方式更能提高工作效率。Facebook小组在网络不稳定的情况下比较难以使用，有时候还不得不重新发送一次信息，这也是一种无形的压力。

关于LINE这款软件，最近有越来越多的人都觉得如果没有LINE那几乎就活不下去了。LINE的问题在于，聊天对话的频率过于热烈频繁，导致难以专注于工作。"聊天对话就是需要热烈的氛围"，这一点确实没错，但是原本一次性讨论后就可以解决的问题却要来来回回谈很久，还要让许多人参与到聊天中，这对于工作的集中度是致命的。就算关掉了提示音，实际的聊天内容还是会源源不断地涌来，很难做到无视，因而进一步削弱了工作的集中度。另外，搜索以往的聊天记录也是比较困难的。我个人很期待有朝一日会有特别适合工作的LINE进化版本问世。

通过Facebook小组功能，轻松创建网络社区

Facebook小组是指Facebook用户之间形成讨论小组，并进行沟通的一种网络系统。即便是不擅长使用Facebook的人，我想即便只是使用一次Facebook小组，也会迅速体会到这个功能的便利性。

首先要发出加入小组的申请，然后由管理员批准。Facebook小组本身可以选择秘密小组类型、非公开小组类型、公开小组类型等，可以根据话题和参加者的个人信息是否能公开以及能够公开到何种程度来做出相应的选择。

创建Facebook小组的缺点是无法发布帖子之类的内容，另外按照话题搜索或检索也不太可能。但是Facebook小组从创建后的所有履历都会保留在网页上，所以后来加入小组的人也能够一目了然。单从这一点上来说，它也是很有使用价值的。

将Facebook专页看作企业的官方网站

Facebook专页，从沟通的角度来看，很大程度上和Facebook

小组是相近的，但是形式上不需要提交参加申请，只需要在页面上点"赞"，就可以成为这个专页的关注者。

Facebook专页没有非公开设置的选项，它原本就是作为企业发布信息以及和顾客交流的平台而发布的。但是即便在页面上留言，能够显示在关注者时间线上的内容也仅限于极少一部分，如果希望更加切实的交流，最好还是转向使用Facebook小组。

我在写完《零秒思考》以后，还发布了一个"'零秒思考'做笔记法让你摆脱烦恼、头脑更清晰"的专页，通过这个专页和大家一起分享我的工作技巧。但是由于上述问题，我又发布了一个叫作"关于'零秒思考'的讨论"的Facebook小组。

Facebook短信箱功能对于办公稍显不足

最近，和邮件相比，有不少人都开始转向使用Facebook的短信箱功能。即便用户达到10亿，短信箱的使用也依然流畅，我对Facebook确实很佩服，但是短信箱添加附件的功能却始终不太完善。在网络环境不太稳定的地方，添加附件会耗费不少时间，或者导致软件失去响应。因此，我一般只在不需要添加附件的时候才会使用Facebook的短信箱功能。

4.5 清除沟通上的障碍

①认真倾听他人的发言能够更快速地推进工作

只需要认真地倾听他人的发言，便能够更快速地推进工作，没有比这更简单的方法了。但是，人们在很多时候偏偏喜欢插嘴，这将导致工作速度的降低。不过，认真地倾听他人的发言绝对不是一件简单的事。我认为有以下几个理由：

◎ 以为认真地倾听，就意味着自己"输了"
◎ 平时总是匆匆忙忙，所以对认真倾听这件事感到难受
◎ 话听到一半的时候，就迫不及待地想要提出自己的意见
◎ 等注意到的时候，已经完全变成自己一个人的演讲了

我认为，将认真倾听的态度理解为"输了"的人，只会通过"胜负"来判断事物和周围的人，这是一种不好的习惯。不知道是因为自卑，还是因为没有自信，他们没有掌握比较平稳的待人处事的方法。因为他们全身都散发着焦躁和想要一决胜

负的氛围，对方也会随之进入战斗模式。"是谁告诉给你这些话的？""你还是先好好调查一下再来和我谈吧！"最终变成剑拔弩张的气氛。

总是非常焦躁的人，其胜负意识不一定就特别强，但是他们就是冷静不下来。明明只需要安静地认真倾听就行了，可是他们做不到。从结果上来看，这最终导致会议的推进效率降低了。

话听到一半的时候，就迫不及待地想要提出自己的意见的人，是希望通过攻击对方发言中的错误和弱点来拔高自己的水准。因为对自己没有自信，如果不首先发起进攻，让自己占据高处的话，心中就会感到不安。他人的发言很值得认真倾听，甚至很值得借鉴，但这种人偏偏要以一副居高临下的态度和人接触。我觉得这是很可惜的。

等发现的时候已经变成一个人的演讲了，对于这种人也需要多加注意。明明不用自己发言，只需要安静地倾听对方的发言就可以了，但这种人在这个时候就好像被什么力量驱使着一般，两片嘴皮不停翻飞，一个人口若悬河地就开始发表演讲了。"等自己意识到的时候，才觉得自己说得有些多"，这句话说的就是这种类型的人。

想要提升工作速度，那么认真倾听他人的发言不是和这个原则背道而驰吗？如果有这样想法的读者，我建议大家尝试冷静地心平气和地与人交流一次。这样做才能正确地听懂对方所表达的意思，最终顺利推动工作，避免任何时间上的不必要的浪费。

认真倾听其实还有更大的好处,那就是获取对方的信赖,让对方喜欢上自己。不知道是幸运还是不幸,这个世界上有很多人都不会特别认真地倾听别人的发言,如果恰好又是在赶时间的话,那就更加敷衍了事。

如果是电脑和电脑之间的对话,那么速度越快越好,但是人与人之间的沟通,对对方的体谅和关心都是必不可少的。没有这些情感因素,只希望从对方身上获取信息,对方的戒备心理就会增强,甚至根本不愿和你说话。即便是同事之间也是如此。因此在工作中和他人接触的时候,一定要认真地倾听他人的发言,这是人际交往中的大前提。

但是,有的人对于别人的认真倾听会产生误解,他们高兴地认为:"你来得正好!"然后拉拉杂杂地开始聊一些事。如果能够获取重要的信息,当然可以一直提问,但是这种人的发言往往就是重复之前说过的话,或者是发牢骚,以及发泄对社会和公司的不满和怨恨。在这种情况下,如果到了约定好的谈话截止时间,那最好是有礼貌地并且迅速地告退,也不能一直当个老好人。在这一点上,人和人之间的价值观确实存在一定的差异,我希望大家都能尊重他人的判断。

②将想要传达的信息归纳成3~4个重点

在会议上发言的时候,或者是一对一地传达信息的时候,先简单地归纳要点，然后再开口说话比较稳妥。说是归纳，其实并不是指要写4～6行、每行20～30字的内容，而是只需要写下3～4个重点就足够了。做到这一点，内心就能变得很平静，就能更有效地将信息传达给对方。

例如，围绕新产品的计划书发言的时候：

◎ 目标顾客是20～30岁，独自一人在大都市生活的男性
◎ 必须准确把握他们的需求
◎ 首先希望采访10个客户
◎ 产品上市是在4个月后

即便只是如此简单的归纳，也能让人更轻松有效地解说，同时避免遗漏。因为说明时前言不搭后语，而不得不下周再讨论一次，类似这样的情况也会减少。虽然只不过是个小小的技巧，但是对于提升工作速度很有必要。我认为在谈到复杂问题之前，这是一个能够迅速并且实际地推动工作的基本技巧。

归纳好了之后，就可以按照归纳的顺序开始发言了。发言的时候完全可以看着自己归纳的笔记。无论是非常擅长演讲的奥巴马总统，还是有超强沟通能力的高手，他们常常会把写好了重点的笔记准备在手中，或者是让提词员在旁边提醒自己接下来该说哪一点。

将归纳好的笔记摆在桌面上，发言的时候若无其事地看两

眼，这也是完全没有必要的。只需要把笔记拿在手里，大声发言："第一点是……""第二点是……""然后第三点是……"不慌不忙地发言比什么都重要。一对一传达信息的时候也是同样的，将笔记拿在手中，一边看一边说，这是非常理想的传达方式。例如，我们归纳了这样几个重点：

◎ 本次委托工作的背景
◎ 本次希望委托的工作内容
◎ 为什么要委托这项工作
◎ 如果接受委托，会有什么好处

　　这份笔记是预想了对方的心情和反应而归纳出来的，但是在实际场合中，常常会发生很多意料外的事情。这种时候，再归纳一次重点，就能避免慌张，切换到另一个最佳的备选方案（如果设定了备选方案，可以直接写在同一张纸的下方）。

　　反复几次之后，临机应变的能力就会大幅提升。就算习惯了，也不能直接跳过归纳重点这个步骤。我希望大家都能坚持提前归纳重点，这样正式发言前的时间也会比较宽裕。这就和骑自行车的时候，没有必要特意放开把手骑车是一个道理。

③应该传达的信息，要直接传达

　　将应该传达的信息直接传达给对方的话，工作速度就会提升。自己的需求、要求和不满的地方全部都准确地传达给了对方，便能减少多余的工作。

如果过度地客气或者说话拐弯抹角，或者对于难以开口的话题三缄其口，或者想要蒙混过关，那么问题一旦发生就会难以收场，说的话也会变得不合逻辑，导致对方失去干劲和对自己的信任。做错的事就很难挽回了。但是即便知道这样的严重后果，比较内向的人或者是比较没有责任心的人、不怎么体谅他人的人还是会说一些表面的话来敷衍。

例如，被寄予厚望的团队成员没能坚持到最后，想要在加入团队2个月后就退出，或者是一直合作的外包企业最近特别忙碌，只好外包给别的企业，当知道这些情况的时候就应该迅速地告知对方，但是人们往往开不了口。最终事情朝着越来越糟糕的方向发展，而因为没能尽早采取对策，所以问题发酵后进一步蔓延，解决问题花费了大量的精力。这完全和提升工作速度背道而驰。

对于容易陷入这样局面的人，我建议大家这样思考："不用客气什么""该说的话就直说好了""不好听的话尤其要准确地传达给对方""把丑话说在前面比较好"。然后下定决心，有什么就说什么。这样的话自己会轻松许多。

如果坦率地传达了信息而导致某个严重的后果时，当然也需要注意。但是大部分时候，感觉一旦说出口就会导致糟糕的后果，也只不过是因为自己没有勇气说出口罢了。不希望由自己来把坏消息传达给他人，只想当个老好人，之所以说不出口大概就是因为这些吧。

如果毫不客气、坦率地向对方传达信息后，有可能引起对方的不悦，或者是很有可能导致项目本身的失败。在这些必须重视的情况下，可以将传达信息的好处和坏处分别列出来，再冷静地判断。这种时候不应独自一人做决定，应当尽量多听取值得信赖的同事和朋友的意见，然后再做决定。一旦养成了这样的习惯，有什么事也不会再憋在心里，情绪上也能比较放松，从某种意义上来说，就是变得比较强势。人一旦变强势了，许多事就不会再唯唯诺诺、举棋不定，于是工作速度就加快了。

④通过书面形式共享意见一致的内容

要想快速推进工作，就必须将意见一致的内容当场写下来，再念一遍，向对方确认是否存在理解上的偏差。如果不这样确认的话，那么十之八九会存在偏差。因为在某些细节上，双方的理解或多或少会存在意想不到的差异，才导致了偏差。例如：

A君："原来如此,总之这个项目得想办法在今后的2个月内完成，那之后的事情就到时候再决定好了。"

B君："原来如此，必须在今后的2个月内完成这个项目，因为按现在的情况来看，2个月后就完全没时间了。"

如上所示，两个人对同一件事情的理解马上就有了偏差。

由于这个差异，A君认为在2个月内就算完不成项目也总会有解决的办法，就会以比较放松的心情工作。而B君认为想尽一切办法都必须在2个月内完成项目，于是准备提前着手工作。在时间安排、工作步骤、人员配置、中期需要达成的目标等方面，两人的理解都有很大的差异，之后多半会引起纠纷。

不用说用书面形式确认，不少人甚至连口头确认都会省略，只是留下一句："那就拜托了。"这其实是非常危险的。为什么能够若无其事地通过这样摇摇欲坠的"桥"，这一点我很难理解。我想多半都是因为嫌麻烦，但如果对工作整体的速度和成果有巨大的影响时，最好还是采取最严谨的确认方式。

通过书面形式确认，有3个重要的理由：

◎ 即使认为意见达成一致的时候，其实和对方的理解仍然存在差异
◎ 在某些问题上达成了一致，过了一段时间之后对方的记忆就变得模糊，只会记住对他自己有利的事情
◎ 在某些问题上达成了一致，过了一段时间之后自己的记忆就变得模糊，只会记住对自己有利的事情

第一点如我之前所述，即使通过讨论达成了一致意见的，但在理解上或多或少还是存在一些差异。我们常常惊讶于对方

将自己的话理解成了其他的意思，这种情况实在是家常便饭。这并不完全是对方的责任，自己口头表达暧昧不明或者是使用的词汇本身就有多重含义，这也是产生理解偏差的理由。如果不用书面形式记录下来，后果会更严重。

第二点和第三点是因为人类的记忆会在不知不觉中转变为对自己有利的印象，这确实是一个现实的问题。即使固执地认为"当时对方就是这么说的，一定没有错"，其实只是因为记忆转变为对自己有利的印象而已。可以说，连自己的记忆都是靠不住的。就算自己记住了某个关键词，但是这个词在上下文里是什么意思，对方又是怎么理解这个词的，却完全记不清楚了。

因此，在达成一致意见的时候，务必要留下书面的记录，尽量避免自己和对方的记忆变得模糊不清，这也是工作中的智慧。

⑤ "居高临下"的态度是万恶的根源

在沟通上最常见、最严重的问题就是"居高临下"的态度。这里的"居高临下"的态度是指，想当然地认为自己处在更有优势的地位，露出轻视对方的表情，说一些轻视对方的话。但是居高临下的人不会像脾气极其暴躁的上司一般痛骂对方，很多人甚至非常有礼貌，但实际上内心就是在轻视对方。

如果自己居高临下地和别人接触的话，那么当然会招人厌烦。因为不是劈头盖脸的痛骂，所以对方在表面上也难以表达不满。但是毫无疑问，对方一定会因为不悦而带有敌意，失去干劲。

如果曾经有人说你的态度很"居高临下"，哪怕只有一次，也务必要谨言慎行。这样的待人处事方法有百害而无一利，既不会让人内心平稳，也不会让人更加自信。工作不会进展得更顺利，只是惹人厌恶而已。即使从来没有被人说过什么"居高临下"，也可能是因为周围的人对你客气而已。越是站在较高立场的人，比如学历较高、从小到大的生活都比较顺利的人，越是要注意这一点。因为没有注意，或者没有这样的意识，而不自觉地"居高临下"的情况也是有可能的。这样一来，提升工作的速度根本就是空想。

那么为什么有的人会"居高临下"呢？我认为这是对自己没有自信，总是充满压力所造成的。因为对自己没有自信，所以"居高临下"地和他人接触，才能让自己短暂地沉浸在优越感的假象里。可是沉浸在这样的假象里，自信心也不会有丝毫的增长，完全没有任何意义。与其说没有意义，倒不如说对自己有害。

没有自信的人，不论有多么出色的能力和经验，他的心态就已经决定了一切。即使积累了别人非常羡慕的经历和经验，没有自信的人还是没有自信。他们常常因为不安而无法冷静下来，"居高临下"地和他人接触，沉浸在转瞬即逝的优越感中，才能让他们稍微感到一丝安心。虽然我觉得这种人特别可怜，但是不得不和他们打交道的人要可怜几十倍、几百倍。

那么该怎么做才能彻底避免"居高临下"地和人接触呢？这一点和"怎么做才能获取自信"是非常接近的。要让自己充满自信，那么需要明确：

◎ 自己擅长些什么？
◎ 为什么自己没有自信？
◎ 在什么时候感觉自己特别没有自信？
◎ 在谁面前特别没有自信？
◎ 在谁面前特别有自信？
◎ 身边总是自信满满的人是谁？为什么？

按照上述标题，采用52页介绍的"A4纸做笔记"法，书写几十页笔记。写完几十页笔记后，才会第一次清楚地意识到为什么觉得自己没有自信，为什么想要攻击他人，攻击了他人之后自己又是如何想的。

意识到自己内心的答案之后，就会发现没有自信的原因，心中也会稍微从容一些。很快我们就会意识到自己是因为莫名其妙的不安和压力而产生了攻击性，并进一步意识到：自己是为了掩饰不安而攻击他人，并且因为害怕破坏"认真又热心"这样的自我形象，虽然没有用露骨过激的言辞，但是采用了感觉上更柔和的"居高临下"的方式来与人接触。

当意识到自己存在一定的问题的时候,必须要推心置腹、毫无保留地寻求他人的帮助。如果确实没有值得信赖的朋友,请通过邮件向我(akaba@b-t-partners.com)尽量详细地说明情况,我会尽我所能地提供反馈信息。态度上是否"居高临下",为什么会变成这样,该怎么做才能和他人正常沟通呢?对于这些问题我都可以提供一些建议。

此外,长久以来我都一直坚信:"一个人没有什么经验,也不会什么技术,这和他的个人价值没有任何关系""没有选择别人而选择了和我一起共事,真是非常感谢"。这些都是理所当然的事,但我也觉得非常重要。

⑥积极地反馈

做事特别利落的人,一般都很擅长积极地反馈。所谓积极地反馈是指,在员工和团队成员获得出色的成果时,给予表扬和感谢,或者慰劳大家。不论是多么琐碎的事情,都要当场表扬他人。不要担心自己的表扬太夸张,要发自内心地去表扬。就算结果不太理想,如果是大家付出了很多努力,并且过程很不错的情况,就应当马上表扬:"大家尽力了!""大家真是辛苦了!""真是帮了大忙了!"即使是没有成果的时候,也要安慰大家:"这次虽然进展得不顺利,下次我们就换个策略吧。下次一定会成功的!"

重点在于不论是什么情况,都要表现出积极乐观的态度。

虽然这是为人处世的基础，但是日本的上司和团队领导人几乎都不怎么表扬员工。日本的企业组织有些类似大学的体育社团，一般都认为如果表扬了员工就会导致其怠慢工作，或者被员工轻视。"严格地对待下属可以避免怠慢工作，严格才能带来成长"，这种日本传统的价值观或多或少都产生了影响。

我认为这是非常陈旧的思考方式，在现代社会已经完全不能通用了。实际上在以往这样的想法也不能说是完全正确，只是在封闭的社会环境中这种想法才得以留存下来。

无论是谁，只要受到了表扬和感谢，被他人慰劳，都会感到喜悦。这时候更能涌起干劲，会想要更加努力。为了这个上司，为了这个团队的领导，想要更加努力付出，拿出成果。这就是人类与生俱来的感情。

但是很多时候，就算上司觉得自己已经表扬过了，或者已经感谢过了，大部分的员工几乎都体会不到这所谓的表扬和感谢，所以表扬和感谢的时候可以稍微夸张一些。结果不理想的时候，当事人自己是最清楚的，心中一定满是后悔，希望下次一定要做出点成绩来。责备或者怒骂他，只会让他的干劲跌落到谷底。

被上司臭骂了一顿之后，心中燃起敌意，进而拼命努力，想要做出点成绩来给上司看看，这样的情况也是偶尔存在的，但这种行为也太过偏激了。因为不服输才拼命做出了成果，但是员工心里始终会留下阴影，只要有机会，就可能扯团队的后腿，或者考虑跳槽。

当自己开始对他人给予积极的反馈时,因为这和以往自己的态度截然不同,可能有的人会偷偷地揣度:"他的态度怎么大变样了?""他是不是有什么企图啊?"或者是"真让人不爽。他是不是有问题啊!"但是千万不能畏惧这些看不见的想法。因为就算嘴上说讨厌,但是绝大多数人心里其实都是喜滋滋的。

当然,如果上司心里认为"这家伙真没用",却在表面上敷衍了事地表扬几句,那么一定会被马上识破。切记,隐藏自己的真实想法几乎是不可能的。

与之相反,哪怕是很小一件事,只要怀有感谢的心情,自然而然地就能对他人给予积极的反馈。如果将培养员工当成自己的责任,那么类似"没用的东西"之类的负面想法就会消失不见,取而代之的则是"下次这样做就会更好"之类比较柔和但又发自内心的表达方式。

在企业的经营改革项目中,我有时候会对部长和课长级别的人开展积极反馈的训练。在训练中,我常常听到这些提问:"表扬员工之后,大家会不会偷懒?""会不会变得怠慢?""我从来都没有被自己的上司表扬过,该怎样去表扬自己的员工呢?"对于这些问题,我的回答是:"这些都是多余的担心,请放心大胆地给予员工积极反馈。至少要对员工和团队成员表示感谢。当然我并不是让大家在工作进展不顺利的时候,还要去勉强地表扬。"我先让这些部长课长解除心理障碍。在表扬、感谢、慰劳员工之后，员工们有怎样的反应，自己的感受是怎样的，当部长级别的人彼此分享这些感受之后，他们有了各种各样的新发现，他们的行动也发生了变化。在尝试了一到两次积极反馈之后，因为员工的反应很不错，所以各位部长课长都非常高兴地和我分享成果。对于这样的成果，我继续对部长课长们给予积极反馈，于是大家进一步习惯对自己的员工给予积极反馈。

对于什么时候表扬才合适这个问题，如果要同时表扬很多人，很容易就会错过机会，所以在必要的时候，就应该毫不犹豫地给予积极的反馈。并且这种比较随意的表扬完全不会给人留下矫揉造作的印象。

我建议大家通过写"正"字的方式来记录自己每天做出了多少次积极反馈。每天表扬了10次以上的话，那么和员工、团队成员之间的关系就会更加紧密，也更容易做出成果。从结果上来说，可以亲眼观察到工作速度的突飞猛进。当然，这对于私人之间的关系也发挥了极大的亲和作用。

⑦避免和某类人打交道

最后在提升工作速度方面，或者是消除沟通上的障碍方面，有一个很重要但又比较难以开口的要点，那就是避免和以下三种人打交道：

◎ 确实合不来的人

◎ 充满恶意的人

◎ 有些病态的人

人和人之间确实存在投缘这回事。合得来的两个人在一起工作，就会心情舒畅，快乐、放松，聊起天来也是滔滔不绝。合不来的两个人在一起总觉得不舒服，每句话都会针锋相对，对同一件事情的判断也会有差异，无法在一起顺利地工作。其中和某些特别不投缘的人在一起，甚至会阻碍工作的进度。虽然我们不能以先入为主的观点和别人接触，但是无论如何都合不来的话，最好还是避开这样的人。

比合不来更严重的是带有恶意，和有的人接触时可以明显察觉对方的恶意。这并不是自己的胡思乱想，而是对方会实实在在地妨碍自己的工作，或者采取一些破坏性的行为：在背后诽谤中伤，或者捏造出一些无中生有的事来。不要说提升工作速度，完全是严重阻碍工作，同时自己的心情也变得特别郁闷。

此外，我们周围有时候还会出现有些病态的人。不管自己多么努力，对方都会想方设法地扯后腿，导致事态不断恶化。就算想方设法改善和对方的人际关系，也是白忙一场。对方一定会将自己的好意曲解成恶意，让两人的关系更加陷入泥沼之中。

对于不管有多少次对话，每次都会不欢而散的人，每次都吹毛求疵、喋喋不休的人，不论什么理由，永远都把问题的责任推给别人的人，总是特别爱说谎的人，最好不要期待能够与之正常地沟通,因为对方本身就有些不正常。

对于这样的人,一旦发生了什么问题,他们就会把责任全部推卸给别人,并且大多数时候,这样的人都会巧舌如簧地歪曲事实,让原本没有任何责任的人充满负罪感,觉得都是自己的错。关于这种情况,如果在网上搜索一下,应该马上就能找到非常详细的说明。

如果碰到这样的人,那就只好逃跑了。和他们发生接触只会带来灾难。一定要拼尽全力、用最快的速度划清界限,千万不要与其发生任何关联。

如果是顾客企业的核心人物,那就放弃和这家企业的来往。既然被对方彻底否定,那么也没有必要继续谈商务了。如果这个人是自己的上司,首先向周围的同事确认一下上司是不是针对自己一个人,如果不是的话,就向上司的上司寻求帮助。寻求帮助后也没有改善的话,就向人事部申请调动岗位。如果还是得不到解决的话,就跳槽。如果这个人是你的男朋友、女朋友、丈夫或妻子的话,虽然这样的关系处理起来很棘手,但我认为还是不能选择忍气吞声。

处理好这些事情是提升工作速度的大前提。处理不好,自己的人生就会变得一团糟。千万不要认为"都是我的错,都是因为自己的问题才有这样的后果",有什么问题就应该马上向周围的人寻求帮助,为自己构建起一个能够积极努力的环境,然后才能提升工作速度。

后 记

读完本书，不知道各位读者感想如何。通过本书，我将从进入麦肯锡到现在每天不断积累的提升工作速度的工作技巧尽可能详细地公开给了大家。提升工作速度的关键是"工作的速度能够无限地提升下去"以及"思考的速度能够无限地提升下去"这两种信念的基础，也就是不断尝试各种创新的工作方式。

不断尝试创新的工作方式，头脑中就会不断涌现新的想法，工作质量也能得到不断的改善。在"前言"中我曾说过，虽然我的工作量日益增加，但是总能顺利推进就在于：对于提升工作速度、工作效率，我总是充满了自信。

我希望各位读者能参考这些创新的工作方式。虽然创新的具体内容会因为每个人的兴趣爱好、价值观、技能等因素而有很大的差异，但是只要不断尝试这些创新的工作方式，就一定能实现自我的成长。

另外，和《零秒思考》出版后一样，这次我也通过Facebook小组"关于'速度能够解决一切问题的"零秒思考"工作秘诀'的讨论"和大家共同分享工作中的技巧。我希望大家都能积极地投稿发言，度过充实的每一天，共建美好未来。

　　最后，如果在阅读本书后有什么感想或者疑问，欢迎发送邮件给我（akaba@b-t-partners.com），我会迅速地回复大家。静候佳音。

出版后记

在面对手头的工作时，不知道该从哪些工作开始下手，用怎样的顺序去完成；更有些工作一不留神就到了截止日期，想要优先完成这些工作就只好推迟其他工作，不知不觉地陷入了恶性循环……

上述情况在实际的工作中想必很常见，其原因就在于对于工作的顺序并没有做出合理的安排，以及无法提高工作速度、工作效率，最终导致工作整体无法进入良性循环的状态。

本书作者赤羽雄二曾在麦肯锡工作14年，参与了企业的经营改革，深知员工的工作能力和工作效率会在很大程度上左右一个公司的未来，所以非常重视每个人的深入思考、制定解决方案、彻底执行的能力。

在本书中，作者列举了导致工作效率低下的几大原因，以及结合作者个人的多年经验总结得出的提升工作效率的诸多方法，如短时间内完成资料制作的方法、写邮件的技巧，等等。同时还有"A4纸做笔记"法，进一步提高思考速度、加强沟通能力。

正如作者在书中所说的:"工作中可改进的点是无限的。"希望各位读者能够通过使用本书中提及的方法,不断提升工作速度、工作效率,在工作中充满自信。

服务热线:133-6631-2326　188-1142-1266

服务信箱:reader@hinabook.com

后浪出版公司

2016年9月15日

图书在版编目（CIP）数据

零秒工作 /（日）赤羽雄二著；许天小译. -- 南昌：江西人民出版社，2016.12
（2018.4重印）
ISBN 978-7-210-08832-5

Ⅰ.①零… Ⅱ.①赤…②许… Ⅲ.①工作方法—通俗读物 Ⅳ.①B026-49

中国版本图书馆CIP数据核字(2016)第246831号

HAYASA WA SUBETE WO KAIKETSU SURU
by YUJI AKABA
Copyright © 2015 YUJI AKABA
Chinese (in simplified character only) translation copyright © 2016 by
Ginkgo(Beijing) Book Co.,Ltd.
All rights reserved
Original Japanese language edition published by Diamond, Inc.
Chinese (in simplified character only) translation rights arranged with Diamond, Inc.
through BARDON-CHINESE MEDIA AGENCY
版权登记号：14-2016-0373

零秒工作

作者：[日]赤羽雄二　译者：许天小　责任编辑：胡滨　赵婷
出版发行：江西人民出版社　印刷：北京彩虹伟业印刷有限公司
889毫米×1194毫米　1/32　7.25印　字数：136千
2016年12月第1版　2018年4月第3次印刷
ISBN978-7-210-08832-5
定价：36.00元
赣版权登字 -01-2016-653

后浪出版咨询(北京)有限责任公司 常年法律顾问：北京大成律师事务所
周天晖 copyright@hinabook.com
未经许可，不得以任何方式复制或抄袭本书部分或全部内容
版权所有，侵权必究
如有质量问题，请寄回印厂调换。联系电话：010-64010019

零秒思考

> 面对工作困境，怎么能瞬间看出症结所在？
> 如何拥有零秒制胜的惊人决断力？
> 麦肯锡韩国分公司创始人、日本咨询大师倾力打造
> 让思考语言化、可视化、技能化的终极武器

◎ 内容简介

临近 deadline，还在迷迷糊糊兜圈子？工作不得要领，一番折腾后又回到原点？话在嘴边却怎么都说不出口？满脑子朦胧的想法却迟迟无法动笔写企划案？很多人都会面临这种工作困境，但至于怎么改变却总是找不到好办法。

这本书教你的就是把心中想法落实到语言和实践中的具体做法——零秒思考。

作者在麦肯锡公司的14年中，参与了企业的经营改革，深知员工的战斗力会很大程度上左右一个公司的未来，所以非常重视一个人的深入思考、制定解决方案，并能够彻底执行的能力。本书讲述的零秒思考就是他从多年实践中总结而来的。简单来说，就是运用A4纸整理思维碎片，集中1分钟时间进行"头脑体操"，从3个可行解决方案出发，高效收集目标信息。

相信这本书可以帮你告别盲目与拖延，让思考事半功倍，让工作难题迎刃而解！

作　者：（日）赤羽雄二
译　者：曹倩
书　号：978-7-5502-3951-7
出版时间：2014.12
定　价：28.00元

麦肯锡教我的思考武器

> 从议题出发，创造有价值的工作
> 摆脱"没有功劳也有苦劳"的败者思维
> 事半功倍！四步完成工作的思考流程！

作　者：（日）安宅和人
译　者：郭菀琪
书　号：978-7-5502-2207-6
出版时间：2013.12
定　价：29.80元

◎内容简介

大多数人在面对工作和问题时，总是还没想清楚"真正的问题究竟是什么"，就急忙动手去处理、去解决。然而，像这样一味求"快"、忙得团团转的结果，往往是白费力气，最后步入事倍功半的"败者之路"。

这本书告诉你，遇到问题时，先慢一点动手！因为有一件事比急着动手更重要——先判断："这个问题重要吗？"

本书作者根据自己在麦肯锡公司工作时积累的丰富经验以及脑神经学的专业背景，设计出一套极具逻辑性的问题解决思维模式——先找到真正的问题，想清楚目的再动手，搜集个性化信息，组建故事线，划定答案界限，整合有用材料，最后交出完美成果。

还在欺骗自己"没有功劳也有苦劳"吗？NO！交出有价值的成果才是好工作！

准备好了吗？开始工作吧！

> Work smart, not hard !
> 在这个工作难寻的年代，比学历更重要的是实力！
> 这是一本教你把不可能变成可能的职场工作秘籍！

◎ 内容简介

　　初入职场，如何在最短时间内赢得大家的认同、站稳脚跟？怎样恰当安排手头的工作？觉得工作没意义是该这样混日子还是离职？相信很多人都困惑于这些事，这本书就是为这样的你准备的。

　　作为新一代日本经营之神，小山升在指导新员工工作方面有着绝对的说服力。在书里，他针对即将进入职场和初入职场的上班族面临的职场不适症状，给出了自己独特的建议。其中不乏"犯错的责任请让你的上司承担""公司不是用来工作的地方""请勿执着于100%完成计划"等你可能还不知道的职场非常识。

　　看完这本书，希望初入职场的你也能找到属于自己的工作好感觉！

著　　者：（日）小山升
译　　者：陈怡萍
书　　号：978-7-5502-5701-6
出版时间：2015.9
定　　价：29.80元